U0669400

炁體源流

下

米晶子 编著
黄中宫道观 校订

华龄出版社
HUALING PRESS

混沌之先一點無 有了一點生萬物

日藏月内丹作母 日隱身中體為始

二〇二四年九月初九 張至順

遍地金莲一起开就在目前

目録

下册

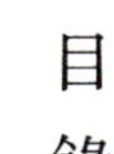

南宗聖典選録[一]

悟真篇序[二]

丹房寶鑒之圖

真土
土無正形 若明窗塵
挨排四象 若黍米
生真土金 若玄珠
液大還丹
狀

陽
☲
玄
神門精

柔二南赤日火午
表己土 朱雀 金烏 火龍
日魂 烏肝 朱砂 窈冥
☲
震龍木兩青東三甲
曾青成數八雷電
崑崙 成數七

陰
☵
牝
血戶氣

兌虎金風白西四庚
白錫成數九山澤
剛一北黑月水子
裹戊土 玄武 玉兔 金虎
月魄 兔髓 黑錫 恍惚
曲江 成數六
☵

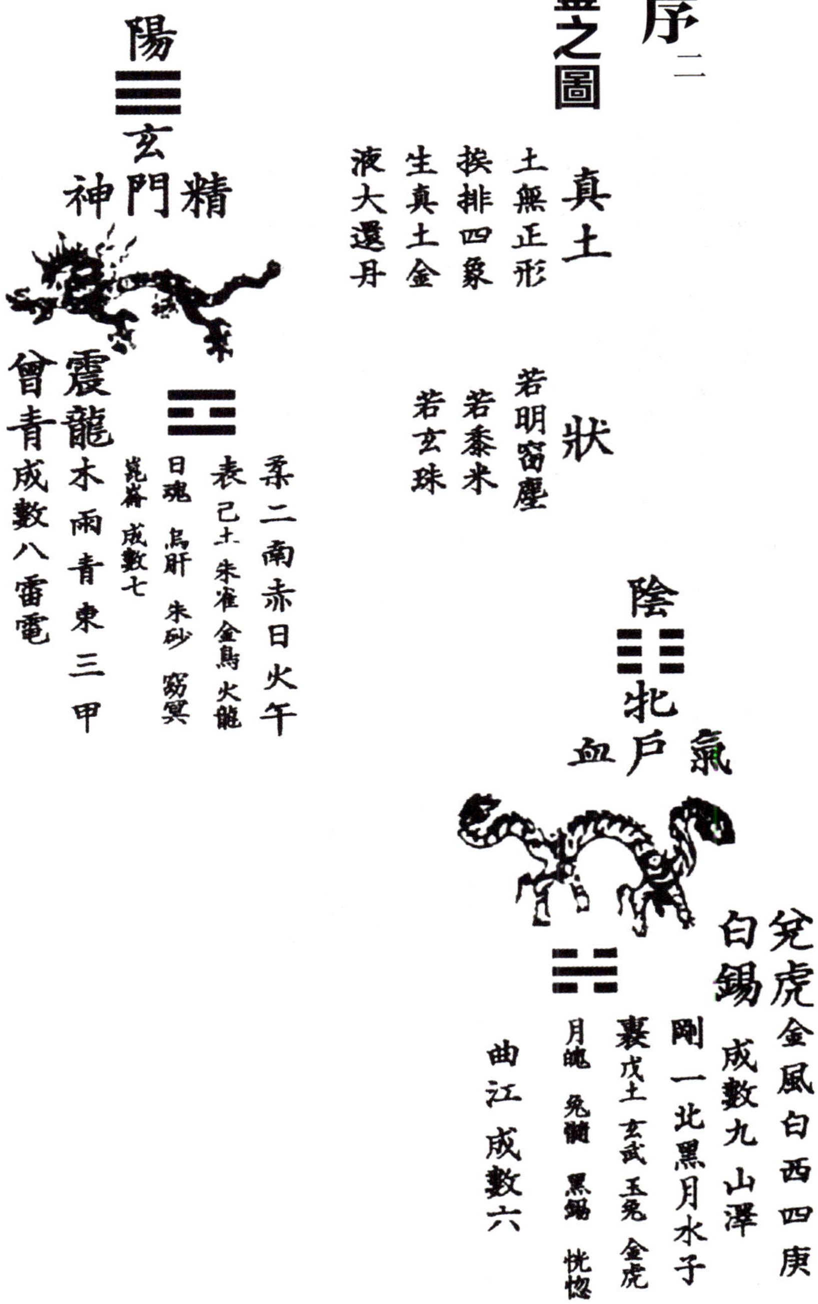

一 校對版本：玉蟾宮管理委員會出版《南宗聖典》。
二 摘自《南宗聖典・初祖紫陽真人・悟真篇・悟真篇序》《正統道藏・洞真部方法類・脩真十書悟真篇卷之二十六》。

汞

參 妻 臣 水銀 流珠 玉液 神水 姹女 玄女
木液 白雪 碧眼胡兒 青衣女子 東海青龍
交梨 浮 陰火白 賓客 民子 天魂 丹基
黑龜精 陽中真陰 下弦銀半斤

已上汞之異名

鉛

金丹 大丹 內丹 還丹 神丹 真鉛 大藥 嬰兒 谷神 聖胎
刀圭 七返 玉壺丹 紫金丹 絳雪丹 赤赫金丹 龍虎大藥
金液還丹 玉液還丹 九轉丹 紫金霜 真黃芽 真陰陽 真玄牝
真父母 真龍虎 真種子 真主人 真鉛汞 真一宇宙之主 秋石
河車金公 金妃 陽丹 金鼎君 黃男 三五一 美金花 摩尼珠
白馬牙 水中金 玉蕊金砂 神符白雪 龜精鳳髓 兔髓烏肝
日魂月魄 壺中日月 先天地精 太一含真氣
商 夫 君 金液 金華 玉池 華池
嬰兒 黃男金精 黃芽 白頭老子 素練郎君
西山白虎 火棗 沉 黃芽鉛 主人 父母
地魄 丹母 赤鳳髓 陰中真陽 上弦金八兩

已上鉛之異名

懸胎鼎

鼎周圍一尺五寸，中虛五寸，長一尺二寸。狀似蓬壺，亦如人之身形。分三層，應三才。鼎身腹通直，令上中下等均匀。入鑪八寸，懸於竈中不著地，懸胎是也。又謂之朱砂鼎，張隨注云又名太一神爐。

鐵牛圖

滿庭芳

眞鐵牛兒，形容醜惡，性剛偏好爭馳。人人皆有，那箇解牽騎。種就黄芽滿院，更須用，神水澆之。中宫裏，若無此獸，安得似嬰兒。乾坤眞動靜，生成家活，總賴於伊，餓飡虎髓，渴飲水銀池。夜半牽車進火，霞光迸，海底騰輝。牧童笑，華池宴罷，乘箇月明歸。

偃月鑪

鑪面周圍約一尺二寸，明心，横有一尺，立唇，環匝二寸，唇厚二寸，鑪口偃開鍋釜，又如仰月狀，故名偃月鑪也，張隨注云：又名威光鼎也。

挨排四象生真土詩

東方青龍西白虎，南面朱雀北玄武。
四獸猙獰不可當，定計將軍能作主。
兩手擒來合戰時，正見中秋月當午。
殺氣驚天動鬼神，用盡周星震區宇。
須臾戰罷兵器收，產顆明珠號真土。

鍊鉛火候

三十文爻七十武，二百六十分明數。
首尾須教用武烹，中間文火温温煮。
鑪中鍊出五彩光，赫赫一粒大如黍。
將來掌上和殼吞，逍遥永作真僊侶。

火記六百篇

火記六百篇，十月如轉轂。朝昏各一卦，屯蒙相趁逐。

子時發陽火，二百一十六。午時起陰爻，十八八個足。
鉛消汞自乾，熏蒸丹已熟。陰盡變純陽，體貌如瓊玉。

沐浴

刑德同生殺，加臨二八門。丹砂宜沐浴，神水灌靈根。
閉兑留金汞，禁關養魄魂。不須行火候，鑪裏自温温。

抱一

國富民安後，脩成體屬乾。凝神歸妙道，抱一守丹田。
去住渾無礙，升騰任自然。九年功滿日，獨步大羅僊。

七言四韻凡一十六首

一

不求大道出迷塗，縱負賢才豈丈夫。
百歲光陰石火爍，一生身世水泡浮。
只貪利禄求榮顯，不顧形容暗悴枯。

試問堆金等山嶽，無常買得不來無。

二

人生雖有百年期，壽夭窮通莫預知。
昨日街頭猶走馬，今朝棺内已眠屍。
妻財遺下非君有，罪業將行難自欺。
大藥不求争得遇，遇之不鍊是愚痴。

右二章真人以此感悟世人，唯恐或後，故列之于首。

三

學道須是學天僊，

葉士表曰：僊有千種，天僊者，形神俱妙，與道合真，聚則成形，散則成氣。學此道者，當内外虛明，表裏瑩徹，如立一塵，則成滲漏。

唯有金丹最的端。

李筌曰：還丹之術百數，此謂金丹者，金液大還丹也。○《參同契》曰：金來歸性初，乃得稱還丹。蓋金爲藥母，金吐其液復還丹田，謂之金液還丹也。○魏師呂《先天大學書》曰：夫金丹者，先天一氣之祖，後天而生兩儀三才，萬物之母。《易》曰：乾元者，始而亨者也。萬物資之以始，能以美利利天下，而不言所利者，有剛健中正純粹之德。功成退位居偏。乾居亥位，寄體北方水中，坎之中爻是也。聖人能返而歸根復命，與元神道合，生生無窮，總括萬象，謂之得一，故强名曰丹，非法術也，是乾道變化，陰陽不測之謂也。象易太極無上至真之妙，包含性命之宗。《内易》曰：中爻之義，是謂造化。《金碧經》曰：神室者，丹之樞轄，在坎離一二數。○《參同契》曰：金來歸性初，乃得稱還丹。謂之金液歸真，形神俱妙之道，至簡至易，一得永得。所以萬論千經，能變化自然生神，得其口訣，雖至愚小人，立躋聖位。是以天機祕惜，不許授之非人，輕泄妄傳，殃及九祖。是知金丹者，無上至真之徑路也。黄帝脩之，以登雲天，後世成真合道，頓超生死，盡因金丹而成。○真人曰：屈指從今飛步者，盡因金液出塵寰，即此義也。

二物會時情性合，五行全處虎龍蟠。

真一子曰：金者，情也。水者，性也。金生于水，猶情生于性，水隱于金，猶情復于性。或曰金爲母，何得謂之情邪？而《參同契》曰：金爲水母，母隱子者是也。交會則金水混融，金聚則虎龍蟠結，故下章云：既驅二物歸黄道，争得靈丹不解生。〇《參同契》曰：坎爲水、爲月，在人爲腎。腎臟生精，精中有正陽之氣，炎昇于上，精陰氣陽，故鉛柔而銀剛。虎性屬金，而金能生水，顛倒取之，母隱子胎，故虎向水中生也。虎乃配鉛，陰中之陽也。離爲火、爲日，在人爲心。心臟生血，中有真一之液，流降于下，血陽液陰。故砂陽而汞陰。龍性屬木，而木能生火，顛倒取之，故母隱子胎，龍從火裏出也。龍亦配汞，陽中之陰也。

本因戊己爲媒娉，遂使夫妻鎮合歡。

葉士表曰：坎離納戊己，戊己坎離中氣。言前二物因中氣升降，生成配合也。〇無名子曰：戊己屬土，謂之黄婆。龍虎金木，間隔東西，黄婆使之會合，豈非媒娉乎？

只候功成朝北闕，九霞光裏駕祥鸞。

四

此法真中妙更真，都緣我獨異于人。自知顛倒由離坎，誰識浮沉定主賓。

葉士表曰：五位相得，而名有合。乾納甲壬，一九成十，坤納乙癸，四六成十，艮丙震庚，三七成十，巽辛兑丁，二八成十，坎離戊己，共得十五。顛倒上下不變，所以顛倒升降皆由之也。鉛沉汞浮，沉者爲主，浮者爲客。〇袁公輔曰：惟其如此，是以古之真僊上聖，皆知陰陽顛倒在坎離兩卦，但世罕有識得浮沉主賓者。故高象先云：舉世無人識河車是也。

金鼎欲留朱裏汞，玉池先下水中銀。

葉士表曰：此言浮沉主客也。離火生汞，坎水生金，汞因鉛結，鉛制汞伏，乃子母相應也。〇《參同契》曰：河上姹女，靈而最神，得火則飛，不見埃塵，鬼匿龍潛，莫知所存，將欲制之，黄芽爲根。真一子曰：黄芽，鉛也，此兩句正應得上文顛倒坎離之説。〇《大易誌圖》曰：陰中有陽者，象鉛中有陰也。黄芽産于河車之中。歌曰：黄芽鉛汞造，陰殼含陽華。篇意謂：必先驅龍下就虎之氣，然後方得二氣交合，可以施功鍛鍊，結成真一之精也。

神功運火非終夕，現出深潭日一輪。

葉士表曰：天地運神功以生萬物，人能法天地以運符火，不待旦夕之間，元海陽光生也。真人謂：一時辰内管丹成。即此義也。〇無名子曰：火即二弦之氣，非終旦者，明一時之中金丹之成也。此法外藥法象也。

虎躍龍騰風浪粗。中央正位產玄珠。果生枝上終期熟。子在胞中豈有殊。人人自有長生藥。自是愚迷在擺抛。甘露降時天地合。黄芽生處坎離交。井蛙應謂無龍窟。離鷃爭知有鳳巢。丹熟自然金滿屋。何須尋草學燒茅。要知產藥川源處。只在西南是本鄉。鉛過癸生須總採。金逢望遠不堪嘗。送歸土釜牢封閉。次入流珠廝配當。藥重壹斤須二八。調停火候托陰陽。休練三元及四神。若尋衆藥便非真。陰陽得類歸交感。二八相當自合親。譚底日紅陰怪滅。山頭月白藥苗新。時人要識真鉛汞。不是凡砂及水銀。莫把孤陰為有陽。獨陰壹物轉羸尫。勞形按引皆非道。煉氣食霞總是狂。。舉世謾求鉛汞伏。何時得見龍虎降。

九

勸君窮取生身處，返本還元是藥王。

葉士表曰：人受生之初，在胞胎之内，隨母呼吸，受氣而成。及乎有生，剪去臍蒂，一點元靈之氣聚于臍下。日復一日，神出氣離，離其本源，驅馳外務，不知返本還元之道。聖人指性命之根，令人收神聚氣，還返往來，歸根復命也。○袁公輔曰：世人妄認父母精血爲本來面目、生身之處，非也。殊不知，人禀先天一炁而生，須認母之母，識真鉛之祖宗可矣。且如稻遇六月至午時開花，其中有精，如一點水，便是戊己，一感真陽之炁，隨即結秀，百日成熟。所以世人日食無厭者，蓋稼穡作甘，洪範爲土，能資培一身。不酸，不辛，不苦，不咸，甜淡其味，加之日飡茗飲、果菜之類，皆一炁也。既集欲散，故男子自二八而真精泄，女子自二七而天癸降，然後有夫妻之欲，一有感合，則結成胎孕。子在胞中，隨母呼吸，受氣而成。十月數周，胎完氣足，靈光入體，脱出其胞。及乎剪去臍蒂，一點元靈之氣聚于臍下，日復一日，神出氣移，虧散真源，離其本根，終致死壞耳。真人愍夫世人流浪生死，沉溺愛河，作爲歌詩，直指性命之根，以勉世人。其意若曰：始因父母二氣，無質生質，既長養成大，聰慧明辯，豈不能自有爲而之無爲乎？今也既解生身之處矣，欲要返本還元，超凡入聖，非得真汞真鉛不可。○象川翁曰：真龍真虎者，二八是也。真鉛真汞者，一弦氣是也。但學者多以旁門小徑、非類之物爲鉛汞，故僊翁直指所產之處，返此之本，還此之元，爲藥王也[三]。

十

好把真鉛着意尋，莫教容易度光陰。

葉士表曰：鉛者，北方正炁，一點初生之真陽，爲藥母也。太上曰：以鉛爲君，以汞爲臣，鉛若不真，汞亦難親。故鉛爲造化之主[四]。

但將地魄擒朱汞，自有天魂制水金。

袁公輔曰：欲得真鉛，但將地魄擒朱汞，陰求陽也，便見天魂制水金也，乃陽求陰也。

三　米晶子註：爲有土能茲一身。真鉛乃造化天地萬物之主。

四　米晶子註：真一者壬水鉛也。

可謂道高龍虎伏，堪言德重鬼神欽。已知永壽齊天地，煩惱無由更上心。

葉士表曰：龍虎即鉛汞也，鬼神魂魄也。

十一

黄芽白雪不難尋，達者須憑德行深。四象五行全藉土，三元八卦豈離壬。

葉士表曰：四象，青龍、白虎、朱雀、玄武也；五行，金、木、水、火、土也。因坎離戊己而造化。三元，支干納音也；八卦，乾、坤、坎、離、艮、震、巽、兑也。皆不離混沌之中。壬者，妊也。天壬、地癸，會于北方，故萬物妊娠于子。○袁公輔曰：四象，龍、虎、雀、武也；五行，金、木、水、火、土也。皆非戊己真土，不能攢簇而成丹基。三元，天、地、人也；八卦，乾、坤、坎、離、艮、震、巽、兑也。皆自水數一中生出，故不離于混沌之中。壬者，妊也。天壬、地癸，會于北方，萬物妊娠于子，故金丹亦自混沌中生也。○無名子曰：壬者，水也，真一之水，即真一之精炁，天地之母，陰陽之根，水火之本，日月之宗，萬物之祖也。

鍊成靈質人難識，消盡陰魔鬼莫侵。欲向人間留祕訣，未聞一個是知音。

十二

草木陰陽亦兩齊，若還缺一不芳菲。初開綠葉陽先唱，次發紅花陰後隨。

葉士表曰：萬物負陰而抱陽，缺一不可，陽先陰後，如鉛生汞也。○袁公輔曰：萬物負陰而抱陽，雖草木亦然，缺一不可。初開綠葉，乃陰也，却是陽先唱；次發紅花，乃陽也，却是陰後隨。

常道只斯為日用，真源反覆有誰知。報言學道諸君子，不識陰陽莫強嗤。

袁公輔曰：道之常每在日用之間，而真源反覆之理孰有知之者。真人謂學道之人不識陰陽相互代謝，徒嗤鄙也。

十三

不識玄中顛倒顛，争知火裏好栽蓮。

《參同契》曰：金入猛火，色不奪光。日受月化，體不相傷。此言火裏栽蓮，乃陰歸陽室也。〇無名子曰：日離屬陽反是女，月坎屬陰反是男，此顛倒也。此二物顛倒而生，却以此丹，點己之汞而結聖胎，是謂男兒有孕，猶火中栽蓮也。故僊翁《讀參同契》曰：五行逆兮：丹體常靈常存。言水逆而土，土逆而木，木逆而金，金逆而火，火逆而水，此顛倒顛之義也。

西江月[五]

白虎首經至寶，

葉士表曰：首者，頭首也。白虎，金晶也。言金晶自崑崙之上經過，此爲至寶，世人以女子天癸爲首經，非也。〇袁公輔曰：白虎即黑鉛也，中涵真一之水，爲天地衆彙之先，經緯萬物，豈非至寶乎[六]？

五　摘自《南宗聖典・初祖紫陽真人・悟真篇卷四・西江月》《正統道藏・洞真部方法類・脩真十書悟真篇卷之二十六》。

六　米晶子註：後其身陰者而身先陽也陽先陰後如鉛生汞。

華池神水真金。

葉士表曰：華池非口也。凡脩丹，鼎中有金母。華池亦謂之金胎神室，乃丹田混元之宮也，中有真一之精，在天爲天一之水。言前金晶乃華池中神水之真金也。

七言四韻詩一十六首[七]

要知黃芽、白雪乃出于形質之外，謂之無中有、有中無、玄中玄、妙中妙、不可思議也[八][九]。

丹基歸一論[一〇]

莫克知陰陽之義如是其祕也。一陰一陽之謂道，道即金丹也，金丹即是

七 摘自《南宗聖典·初祖紫陽真人·紫陽真人悟真篇講義·七言四韻詩一十六首》《正統道藏·洞真部方法類·脩真十書悟真篇卷之二十六》。
八 真空也乃真一之主。
九 真一者。真乃人之神。一者，人之炁。神炁二者。
一〇 摘自《南宗聖典·四祖翠虛真人·翠虛篇·丹基歸一論》《正統道藏·太玄部·翠虛篇》。

也。

如是，如是事矣[一一]。

精者光者。慧者神也。精爲光，神爲慧，氣爲鼎[一二]。

内三要出《黄帝陰符經》[一三]

第一要者，頭，太淵也。天，谷神所居之位是也。上應玄都，萬神會集之鄉。人能開此，谷神自居，真息自定，饑渴自除矣。

第二要者，心，絳宫也。人能虚心凝神，得神氣倶定，息不往來，謂之大定矣。夫神者，天地之元，性命之本，日月之祖，龍虎之首，陰陽之根。每一息動四至，太上言：二十四動爲一刀，二百四十動爲一圭，故

一一 米晶子抄本。
一二 米晶子抄本。
一三 摘自《南宗聖典·四祖翠虚真人·翠虚篇·内三要》《正統道藏·太玄部·翠虚篇》。

聖人謂之刀圭。

第三要者，在兩腎之間，水火之際，謂之地户。此關有神，謂之桃康，上通九天，下通涌泉，真氣聚散，皆從此關。故聖人言：天門常開，地户永閉。人能會此三要，神氣自然交結[一四]。

外三要[一五]

外三要者，玄牝之門也。口通五臟，出者重濁之氣，屬陰。一切百谷諸味，皆地之精，從口而入，與地相接，謂之地根。鼻通六腑，出者輕清之氣，屬陽，接其天，此乃天根。太上言：玄牝之門，是爲天根。鼻有兩竅，口有一竅，共三竅。此是神氣往來之門。陽神爲玄，陰息爲牝。此門中有天魂地魄，與我神氣混而爲一，故强名曰玄牝，二物也。

一四 《南宗聖典》註：《陰符經》曰九竅之邪在此。三要正此意也。
一五 摘自《南宗聖典·四祖翠虚真人·翠虚篇·外三要》《正統道藏·太玄部·翠虚篇》。

體道章[一六]

玄之又玄，虛裏藏真[一七]，無中生有。衆妙之門。悟由此入用之無窮。

元始天尊曰：玄之又玄，天中之天，开明三境，化生诸天[一八]。

鉤鎖連環經[一九]

太乙元君曰：金丹即是汞，汞即是鉛，鉛即銀，銀即砂，砂即金，金即錫，錫即水銀，水銀即青金，青金即白金，白金即黑金，黑金即黃金，黃金即紫金，紫金即河車，河車即黃芽，黃芽即白雪，白雪即玉符，玉符即神水，神水即華池，華池即青龍，青龍即白虎，白虎即朱雀，朱雀即玄武，玄武即勾陳，勾陳即黃房，黃房即真土，真土即戊己，戊己即金木，

一六 摘自《南宗聖典·五祖玉蟾真人·道德寶章·體道章》。

一七 米晶子註：玄之又玄，是虛裏藏真。真者乃元神。玄之又玄乃真妙有。

一八 米晶子抄本。《元始天尊寶誥·志心皈命禮》中有此文。

一九 摘自《南宗聖典·五祖玉蟾真人·海瓊傳道集·鉤鎖連環經》《正統道藏·正一部·海瓊傳道集》。

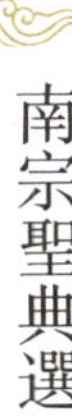

金木即水火，水火即卯酉，卯酉即兔鷄，兔鷄即烏兔，烏兔即龜蛇，龜蛇即馬牛，馬牛即乾坤，乾坤即坎離，坎離即雌雄，雌雄即夫婦，夫婦即子孫，子孫即房畢，房畢即日月，日月即天地，天地即人，人即黄婆，黄婆即金公，金公即姹女，姹女即嬰兒，嬰兒即丁公，丁公即赤子，赤子即聖胎，聖胎即三關，三關即金液，金液即玉液，玉液即刀圭，刀圭即丹田，丹田即絳宫，絳宫即泥丸，泥丸即氣海，氣海即腎，腎即心，心即道，道即法，法即術，術即虚無，虚無即自然，自然即運用，運用即火，火即藥，藥即氣，氣即神，神即丹頭，丹頭即大還，大還即七返，七返即九還，九還即金火，金火即紫芝，紫芝即水源，水源即土釜，土釜即金鼎，金鼎即玉爐，玉爐即神室，神室即元壇，元壇即黄庭，黄庭即眼，眼即鼻，鼻即耳，耳即松，松即蜣蜋，蜣蜋即桃，桃即朱橘，朱橘即六賊，六賊即三尸，三尸即三魂，三魂即七魄，七魄即五神，五神即萬神，萬神即一神，一神即萬寶，萬寶即沐浴，沐浴即抽添，抽添即進退，進退即文武，文武即斤兩，斤兩即吉凶，吉凶即刑德，刑德即存亡，存亡即黑白，黑白即有無，有無即始終，始終即動靜，動靜即寒暑，寒暑即陰陽，陰陽即冬至，冬至即夏至，夏至即望，望即朔，朔即弦，弦即晦，晦即潮候，潮候即月輪，月輪即日華，日華即太一，太一即玄珠，玄珠即四象，四象即五行，五行即八卦，八卦即三才，三才即三光，三光即兩儀，兩儀即太極，太極即太上，太上即混元，混元即無始，無始即無終，無終即元始，元始即一氣，一氣即虛空，虛空即虛無，虛無即混沌，混沌即金丹。

老君曰：得其一，萬事畢，畢其萬，一事辦。

張紫陽曰：鉤鎖連環，相續不斷，道無終始，流轉無窮。惟人最靈，以心契道。道在天地，天地不知，道在萬物，萬物不知。故得道者，身即天地，天即地，地即天，天即道。道而天地，天地即身，身即心，心即神[20]。

二〇 米晶子註：心乃天心非肉團心也。

陳泥丸云：古僊上聖，口口相傳，不立文字，吾今于世，書而録之。上士得之，心同太虚；中士得之，身同枯木；下士得之，身心營營。

關尹子曰：賢人執于内，衆人執于外，聖人皆僞之。

白玉蟾曰：得悟之者，可傳聖道，無悟無得，悟者自得。得悟聖道，無古無今，其去非古，其來非今，所可傳者，只謂之事，不謂之道。道本無傳，道無聲色，道無相貌，道無古今，道無往來。

道光和尚曰：行之一年聖胎成，行之二年嬰兒靈，行之三年身外身，行之四年子生孫，行之九年可飛昇。功行未備，或聚散，聚則成形散則風，子但片餉見玄珠。玄珠即是混元精，日鍊時烹火温温，保爾身同天地存。

劉海蟾曰：勤而不遇，終遇聖師，遇而不勤，終爲下鬼。

吕真人曰：輕泄漏慢，殃及九祖，脩鍊行持，身登太微。

鍾離雲房曰：輕輕捲，默默收，灌沐怡怡兮衮衮。

《道德經》云：綿綿若存，專氣致柔，猶于嬰兒，常德不離，復歸于嬰兒。

谷神不死論[二一]

谷者，天谷也。神者，一身之元神也。天之谷含造化，容虛空[二二]；地之谷容萬物，載山川。人與天地同所稟也，亦有谷焉。其谷藏真一、宅元神，是以頭有九宮，上應九天。中間一宮，謂之泥丸。又曰黃庭，又名崑崙，又名天谷，其名頗多。乃元神所住之宮，其空如谷，而神居之，故謂之谷神。神存則生，神去則死，日則接于物，夜則接于夢，神不能安其居也。黃糧未熟，南柯未寤，一生之榮辱富貴，百歲之悲憂悅樂備嘗于一夢之間，使其去而不還，游而不返，則生死路隔，幽明之途絕矣。由是觀之，人不能自生而神生之，人不能自死而神死之。若神居其谷而不死，人安得而死乎？然谷神所以不死者，由玄牝也。玄者，陽也，天也。牝者，陰也，地也。然則玄牝二氣各有深旨，非遇至人授以

[二一] 摘自《南宗聖典・五祖玉蟾真人・指玄篇・谷神不死論》《正統道藏・洞真部方法類・脩真十書雜著指玄篇》。
[二二] 米晶子註：虛空成一體三谷歸一宮乃中宮天心也。

口訣，不可得而知也。《靈樞内經》曰：天谷元神，守之自真。言人身中，上有天谷泥丸，藏神之府也；中有應谷絳宫，藏氣之府也；下有靈谷關元，藏精之府也。天谷，元宫也，乃元神之室，靈性之所存，是神之要也。聖人則天地之要，知變化之源，神守于元宫，氣騰于牝府，神氣交感，自然成真，與道爲一，而入于不死不生。故曰谷神不死，是謂玄牝也。聖人運用于玄牝之内，造化于惚恍之中，當其玄牝之氣入乎其根，閑極則失于急，任之則失于蕩，欲其綿綿續續，勿令間斷耳。若存者，順其自然而存之，神久自寧，息久自定，性入自然，無爲妙用，未嘗至于勤勞迫切。故曰用之不勤。即此而觀，則玄牝爲上下二源炁母升降之正道明矣。世人不窮其根，不究其源，便以鼻爲玄，以口爲牝。若以鼻口爲玄牝，則玄牝之門又將何以名之，此皆不能造其妙。非大聖人，安能窮究是理哉二三？

二三 米晶子註：如蚌内守。

金丹藥物直指圖[二四]

平叔云：鉛汞兩般爲藥物。又曰：二物會時情性合。道光云：一物分爲二。雲房云：除却鉛汞兩味藥，其他皆是誑愚痴。此二物不在五臟，不是精血，不是津液，不是存想，不是禪定，不是坐空，不是採戰。

二四　摘自《南宗聖典·歷代師真文粹·先天金丹大道玄奧口訣·金丹藥物直指圖》《正統道藏·洞真部衆術類·先天金丹大道玄奧口訣·金丹藥物直指圖》。

鉛汞二物也，不在身外求覓，當於自己身中尋此二物。天地有此二物而長存，人身亦藉之日用。故《易》曰：百姓日用而不知。故君子之道鮮矣。

三五一圖

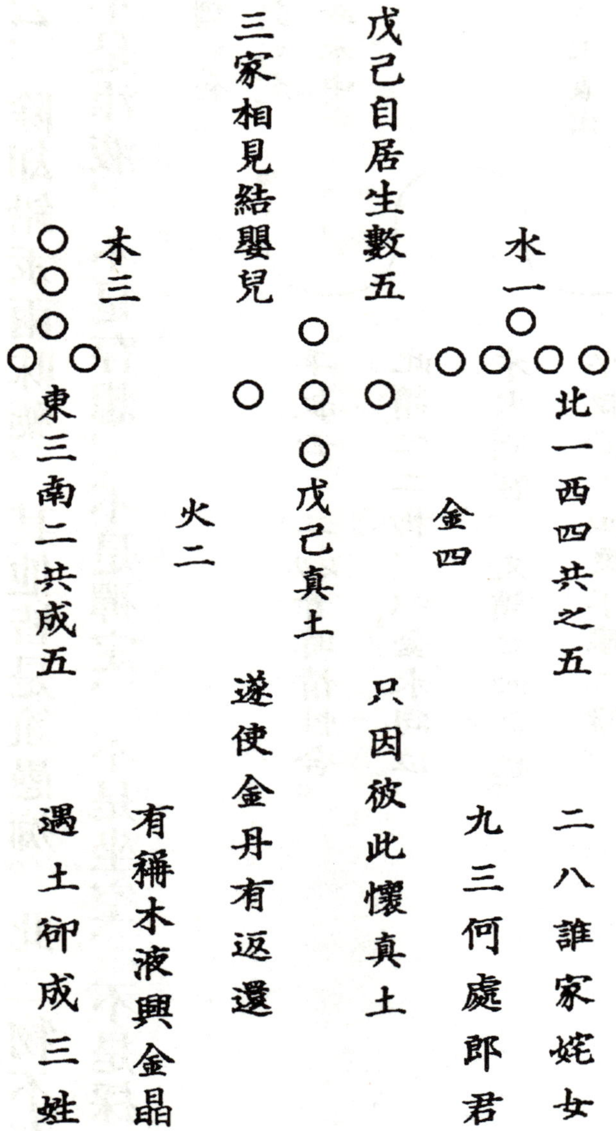

三家相見之圖

外身而有身
結胎守黃房
不失凡身得道身

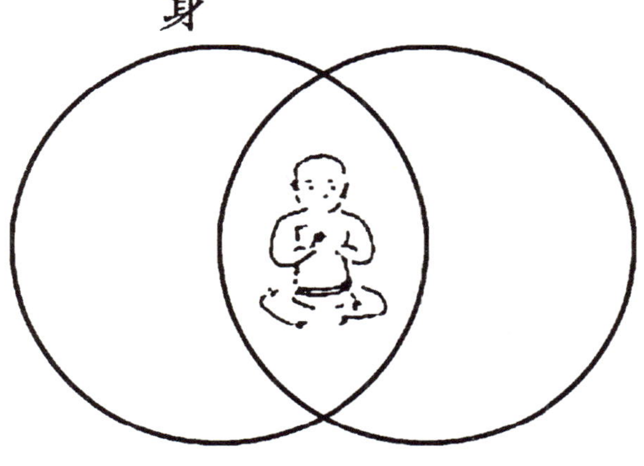

始覺男兒有孕
慶此嬰兒蛻殼
嬰兒是一含真炁

尋戊己真土直指圖

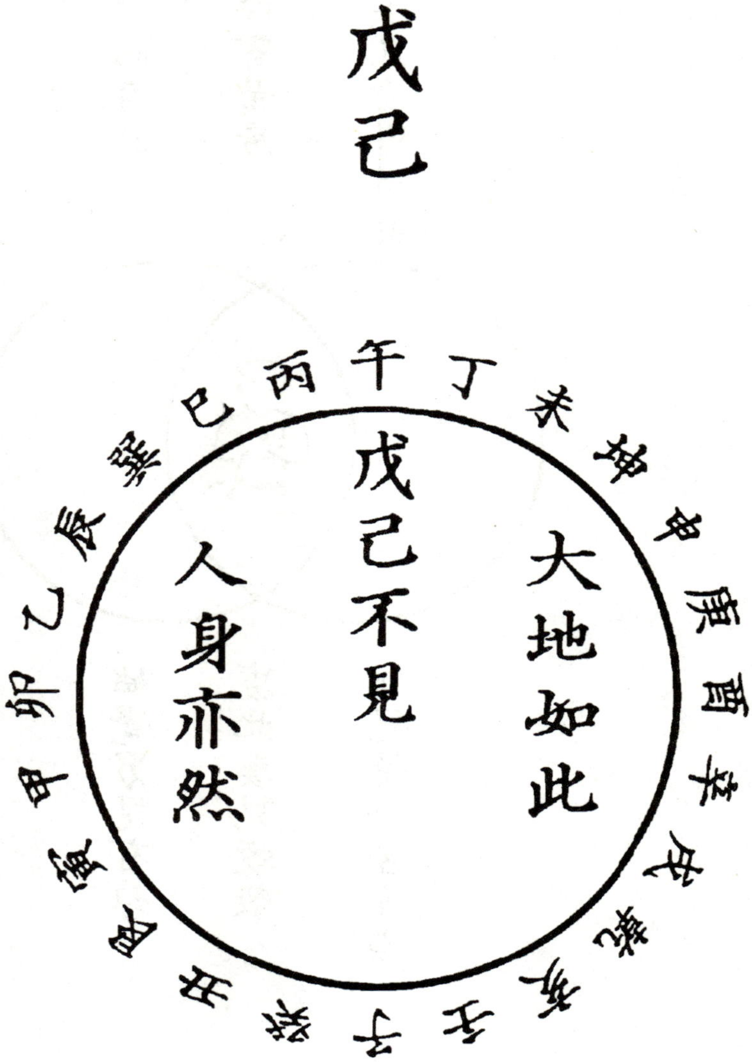

平叔云：二物會時情性合。此謂之二物，以金水同位，木火同宮，又謂之四象也。平叔云：四象不離二體。

鉛汞二物也，不在身外求覓，當于自己身中尋此二物。天地有此二物而長存，人身亦藉之日用。故《易》曰：百姓日用而不知。故君子之道鮮矣。平叔云：離坎若還無戊己，雖合四象不成丹。又云：四象五行全籍土。又云：本因戊己謂媒娉。

内丹三要[二五]

内丹之要有三，曰玄牝、藥物、火候[二六]。丹經有云：摘爲隱語，黄絹幼婦。讀者感之。愚今滿口饒舌，直爲天下説破。言雖覼縷，意在發明，字字真訣，肺肝相視。漏泄造化之機緘，貫串陰陽之骨髓，古今不傳之秘，盡在是矣。鯨吞海水，盡露出珊瑚枝。

二五　摘自《南宗聖典·歷代師真文粹·陳虚白規中指南》《正統道藏·洞真部方法類·陳虚白規中指南》。

二六　米晶子註：造化曰玄牝、藥物火候者皆是一物也。

玄牝圖

玄關一竅真端的

台光

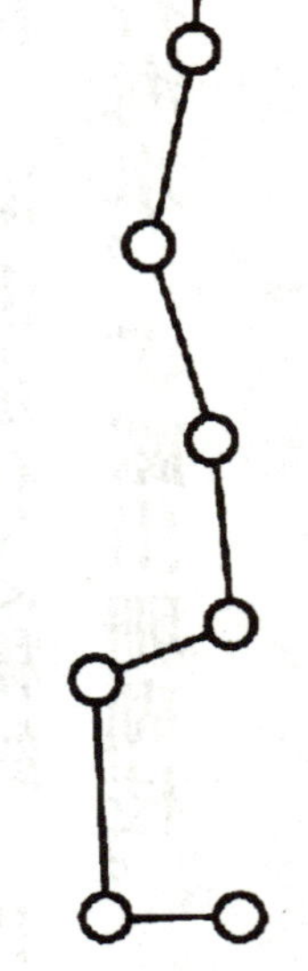

妙在師真一句傳

攢五行

會八卦

貫尾閭

通泥丸

月

雲散碧空山色靜
鶴歸丹闕月輪孤

詩曰：混沌生前混沌圓，個中消息不容傳。擘開竅內竅中竅，踏破天中天外天。斗柄逆旋方有象，臺光返照始成僊。一朝撈得潭心月，覰破胡僧面壁禪。

藥物圖

汞鉛玄牝共一家

水　真
陽龍　汞
玄牝
陰虎　真鉛
火

先天炁
後天炁
入黃房
成至寶

龍虎陰陽同一性

從此變成乾健體

性由自悟
命叙師傳

潛藏飛躍盡衷心

二七

詩曰：五蘊山頭多白雪，白雪深處藥苗芬。威音王佛隨時種，元始天尊下手耕。石女騎龍探雨寶，木人駕虎摘霜芸。不論貧富家家有，採得歸來共一斤。

二七　米晶子註：用心着意。火候而今赤肉團。

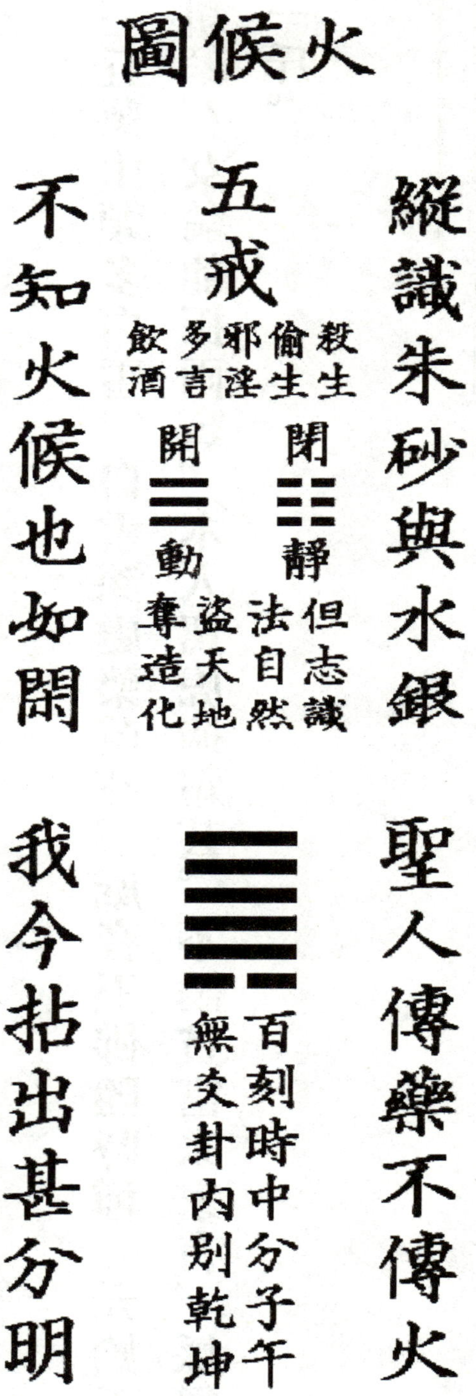

火候圖

縱識朱砂與水銀，聖人傳藥不傳火。

五戒

殺生　偷生　邪淫　多言　飲酒

閉 ☷ 靜　　開 ☰ 動

但志識　法自然　盜天地　奪造化

百刻時中分子午，無爻卦內別乾坤。

不知火候也如閑，我今拈出甚分明。

詩曰：無位真人練大丹，倚空長劍逼人寒。玉爐火煅天尊髓，金鼎湯煎佛祖肝。百刻寒溫忙裡準，六爻文武靜中看。有人要問真爐鼎，豈離而今赤肉團。

玄牝

《悟真篇》云：要得谷神長不死，須憑玄牝立根基。真精既返黃金室，一顆明珠永不離。夫身中一竅，名曰玄牝，受炁以生，實爲神府，三元所聚，更無分别，精神魂魄，會于此穴，乃金丹返還之根，神僊凝結聖胎之地也。古人謂之太極之蒂、先天之柄、虚無之宗、混沌之根、太虚之谷、造化之源、歸根竅、復命關、戊己門、庚辛室、甲乙户、西南鄉、真一處、中黄房、丹元府、守一壇、偃月爐、朱砂鼎、龍虎穴、黄婆舍、鉛爐土釜、神水華池、帝一神室、靈臺絳宫，皆一處也。然在身中而求之，非口非鼻、非心非腎、非肝非肺、非脾非胃、非臍輪、非尾閭、非膀胱、非谷道、非兩腎中間一穴、非臍下一寸三分、非明堂泥丸、非關元炁海，然則何處[二八]？

曰：我的妙訣，名曰規中，一意不散，結成胎僊。《契》云：真人潛深淵，浮游守規中。此其所也。《老子》曰：多言數窮，不如守中。正在乾之下，坤之上，震之西，兌之東，坎離水火交媾之鄉。人一身天地之正

二八　米晶子註：吕祖曰千處萬處皆是一處也。

中，八脉九竅，經絡聯輳，虛閑一穴，空懸黍珠，不依形而立，惟道體以生。似有似無，若亡若存，無内無外，中有乾坤，黄中通理，正位居體。《書》曰：惟精惟一，允執厥中。《度人經》曰：中理五炁，混合百神。崔公謂之貫尾閭，通泥丸。純陽謂之窮取生身受炁初。平叔曰：勸君窮取生身處。此元炁之所由生，真息之所由起。故玉蟾又謂之念頭動處。脩丹之士不明此竅，則真息不住，神僊無基。且此一竅，先天而生，後天而接，先後二炁，總爲混沌。杳杳冥冥，其中有精；恍恍惚惚，其中有物。物非常物，精非常精也。天得之以清，地得之以寧，人得之以靈。譚真人曰：得灝炁之門，所以歸其根；知元神之囊，所以韜其光。若蚌内守，若石中藏，所以爲珠玉之房，皆真旨也。然此一竅，亦無邊傍，更無内外。若以形體色相求之，則又成大錯謬矣。故曰不可執于無爲，不可形于有作，不可泥于存想，不可著于持守。聖人法象，見于丹經。或謂之玄中高起，狀似蓬壺，關閉微密，神運其中。或謂之狀如鷄子，黑白相扶，縱廣一寸，以爲始初。彌歷十月，脱出其胞。或謂之其白如練，其連如環，方廣一寸二分，包一身之精粹，此明示玄關之要，顯露造化之機。學者不探其玄，不賾其奥，用工之時，便守之以爲蓬壺，存之以爲鷄子，想之以爲連環，模樣如此，形狀如此，執有爲有，存神入妄，豈不大謬邪？要知玄關一竅，玄牝之門，乃神僊聊指造化之基爾。玉蟾曰：似有而非，除却自身安頓何處去？然其中體用權衡，本自不殊，如以乾坤法天地，離坎體日月是也。《契》云：混沌處相接，權與樹根基，經營養鄞鄂，凝神以成軀。則神炁有所取，魂魄不致散亂，回光返照便歸來，造次弗離常在此。其詩：經營鄞鄂體虚無，便把元神裏面居，息往息來無間斷，全胎成就合元初。玄牝之旨，備于斯矣。抑又論之，杏林云：一孔玄關竅，三關要路頭。忽然輕運動，神水自然流。又曰：心下腎上處，肝西肺左中。非腸非胃府，一炁自流通。今曰玄關一竅，玄牝之門，在人一身天地之正中，造化固胳合乎此。愚嘗審思其說，大略精明，猶未的爲直指。天不愛道，流傳人間。太上慈悲，必不固恪。愚敢净盡漏泄天機，指出玄關的的大意，冒禁相付，使骨肉相合。脩僊之士，一見豁然，心領神會，密而行之，句句相應。是書在處，神物護持。若業重福薄，與道無緣，自然邂逅斯訣，雖及見之，忽而不信。亦不過瞽之文章，聾之鍾皷耳。玄之又玄，彼烏知之。其密語曰：徑寸之質，以混三才。在腎之上，心之下，仿佛其内，謂之玄關。不可以有心守，不可以無心求。以有心守之，終莫之有；以無心求之，終見其無。若何可也？蓋用志不分，乃凝于神。但澄心絕慮，調息令匀，寂然常照，勿使昏散。候氣安和，真人入定，于此定中，觀照内景。纔若意到，其兆即萌。便覺一息，從規中起。混混續續，兀兀騰騰。存之以誠，聽之以心，六根安定，胎息凝凝。不閉不數，任其自如。靜極而噓，如春沼魚；動極而翕，如百蟲蟄。氤氲開闔，其妙無窮。如此少時，便須忘炁合神，一歸混沌，致虛之極，守靜之篤，心不動念，無來無去，不出不入，湛然常住。是謂真人之息以踵。踵者，其息深深之義。神炁交感，此其候也。前所謂元炁之所由生，真息之所由起。此意到處，便見造化；此息起處，便是玄關。非高非下，非左非右，不前不後，不偏不倚。人一身天地之正中，正此處也。採取在此，交媾在此，烹鍊在此，沐浴在此，温養在此，結胎在此，脱胎神化，無不在此[29]。

今若不明説破，學者必妄意猜度，非太過則不及矣。紫陽真人曰：饒君聰慧過顔閔，不遇明師莫强猜。只爲丹經無口訣，教君無處結靈胎。然此竅陽舒陰慘，本無正形，意到即開，開合有時，百日立基，養成炁母，虚室生白，自然見之。昔黄帝三月内觀[30]，蓋此道也。自臍以下，腸胃之間，謂之酆都地獄，九幽都司，陰穢積結，真陽不居。故靈寶鍊度諸法，存想此謂幽關，豈修鍊之所哉。學者誠思之。

二九　米晶子註：多看多看。

三〇　米晶子註：三。月。三即乾也陽火者，月即水坤陰。

藥物

古歌曰：借問因何是我身，不離精炁與元神。我今說破生身理，一粒玄珠是的親。夫神與炁精，三品上藥，錬精化炁，錬炁成神，錬神合道，此七返九還之要訣也。紅鉛黑汞、木液金精、朱砂水銀、白金黑錫、金翁黃婆、離女坎男、蒼龜赤蛇、火龍水虎、白雪黃芽、交梨火棗、金烏玉兔、乾馬坤牛、日精月華、天魂地魄、水鄉鉛、金鼎汞、水中金、火中木、陰中陽、陽中陰、黑中白、雄裏雌，异名衆多，皆譬喻也。然則何謂之藥物？

曰：脩丹之要，在乎玄牝，欲立玄牝，先固本根，本根之本，元精是也。精即元炁所化，故精炁一也。以元神居之，則三者聚于一矣。杏林曰：萬物生復死，元神死復生，以神歸炁内，丹道自然成。施肩吾曰：氣是添年藥，心爲使炁神，若知行炁主，便是得僊人。若精虛則炁竭，炁竭則神游[三一]。《易》曰：精炁爲物，游魂爲變。欲復歸根，不亦難乎。玉溪子曰：以元精未化之元炁，而點化之至神，則神有光明，而變化莫測矣，名曰神。是皆明身中之藥物，非假外物而言之也。然而産藥有川源，採藥有時節，製藥有法度，入藥有造化，鍊藥有火功。吾曩聞之師曰：西南之鄉，土名黄庭，恍惚有物，杳冥有精。分明一味水中金，但向華池著意尋。此産藥之川源也。垂簾塞兑，窒顴調息，離形去智，幾于坐忘。勸君終日默如愚，鍊成一顆如意珠。此採藥之時節也。天地之先，無根靈草，一意製度，産成至寶。大道不離方寸地，工夫細密有行持。此製藥之法度也。心中無心，念中無念，註意規中，混融一炁。又云：息息綿綿無間斷，行行坐坐轉分明。此入藥之造化也。清静藥材，密意爲丸，十二時中，無念火煎。金鼎常令湯用暖，玉爐不要火教寒。此鍊藥之火功也。大抵玄牝爲陰陽之原，神炁之宅；神炁爲性命之藥，胎息之根，呼吸之祖，深根固蔕之

三一　米晶子註：精爲形體炁乃物形心即神也。

道。胎者，藏神之府。息者，化胎之元。胎因息生，息因胎住。胎不得息不成，息不得神無主。若夫人之未生，漠然太虛，父母媾精，其兆始見，一點初凝，純是性命，混沌三月，玄牝立焉。玄牝既立，繫如瓜蒂，嬰兒在胎，暗註母炁。母呼亦呼，母吸亦吸，凡百動盪，内外相感，何識何知，何明何曉。天之炁混混，地之炁沌沌，但有一息存焉。及期而育，天地翻覆，人驚胞破，如行太山巔失足之狀，頭懸足撑而出之，大叫一聲，其息即忘，故隨性情不可俱也。况亂以沃其心，巧以翫其目，愛以牽其情，欲以化其性，渾然天真，散之而爲萬物者，皆是矣。胎之一息，無復再守。神僊教人鍊精，以欲返其本，復其初，重生五臟，再立形骸，無質生質，結成聖胎。其訣曰：專炁致柔，能如嬰兒乎。除垢止念，静心守一，外想不入，内想不出，終日混沌，如在母腹。神定以會乎炁，炁和以合乎神，神即炁而凝，炁即神而住。于寂然休歇之場，恍兮無何有之鄉，天心冥冥，註意一竅，如鷄抱卵，似魚在水，呼至于根，吸至于蒂，綿綿若存，再守胎中之一息也。守無所守，真息自住，泯然若無。雖心于心，無所存住，杳冥之内，但覺太虚之中，一靈爲造化之主宰。時節若至，妙理自彰，輕輕然運，默默然舉，微以意而定炁，應造化之樞機，則金木自然混融，水火自然升降，忽然一點大如黍珠，落于黄庭之中。此乃採鉛汞之機，爲一日之内，結一日之丹。《復命篇》曰：夜來混沌攧落地，萬象森羅總不知。當此之時，身中混融，與虚空等，亦不知神之爲炁，亦不知炁之爲神，似此造化，亦非存想。是皆自然之道，吾亦不知其所以然而然。藥既生矣，火斯出焉。大抵藥之生也，小則可以配坎離之造化，大則可以同乾坤之運用。金丹之旨，又于此泄無餘蘊矣，豈傍門小法所可同語哉？若不吾信，捨玄牝而立根基，外神炁而求藥物，不知自然之胎息，而妄行火候，棄本趨末，逐妄迷真，天奪其筭，吾末如之何也已矣[三二][三三]。

三二　米晶子註：藥物火候。

三三　米晶子註：同歸于大自然也。

火候

古歌曰：聖人傳藥不傳火，從來火候少人知。夫何謂不傳？非祕不傳也。蓋採時謂之藥，藥之中有火焉。鍊時謂之火，火之中有藥焉。能知藥而取火，則定裏之丹成，自有不待傳而知者已。詩曰：藥物陽内陰，火候陰内陽，會得陰陽旨，火候一處詳。此其義也。後人惑于丹書，不能頓悟，聞有二十四炁、七十二候、二十八宿、六十四卦、十二分野、日月合璧，海潮升降，長生三昧，陽文陰武等説，必欲窮究何者爲火，何者爲候。（極）【機】[三四]心一生，種種著相，雖得藥物之真，懵然不敢烹鍊。殊不知真火本無候，大藥不計斤。玉蟾云：火本南方離卦，屬心。心者神也，神即火也，炁即藥也。以火鍊藥而成丹者，即是以神馭炁而成道也。其説如此分明，如此直捷。夙無僊骨，諷爲虚言，當面蹉過，深可嘆惜。然火候口訣之要，尤當于真息中求之。蓋息從心起，心静息調，息息歸根，金丹之

三四《南宗聖典》註：據文意改。米晶子旁註：極，無極之鄉。機，天機發動之機。

母。《心印經》曰回風混合，百日功靈者，此也。《入藥鏡》所謂起巽風，運坤火，入黄房，成至寶者，此也。海蟾翁所謂開闔乾坤造化權，煅鍊一爐真日月者，此也。何謂真人潛深淵，浮游守規中？必以神馭炁，以炁定息，橐籥之開闔，陰陽之升降，呼吸出入，任其自然。專炁致柔，含光默默，行住坐卧，綿綿若存。如婦人之懷孕，如小龍之養珠。漸采漸鍊，漸凝漸結，功夫純粹，打成一片。動静之間，更宜消息。念不可起，念起則火炎；意不可散，意散則火冷。但使其無過不及，操捨得中，神抱于炁，炁抱于神，一意沖和，包裹混沌。斯謂火種相續，丹鼎常温，無一息之間斷，無毫髪之差殊。如是鍊之一刻，一刻之周天也。如是鍊之一時，一時之周天也。如是鍊之一日，一日之周天也。鍊之百日，謂之立基。鍊至十月，謂之胎僊。以至元海陽生，水中火起，天地循環，乾坤反復，亦皆不離一息。况所謂沐浴温養，進退抽添，其中密合天機，潛符造化，而不容吾力焉。故曰：火雖有候，不須持些子機關，我自知無子午卯酉之法，無

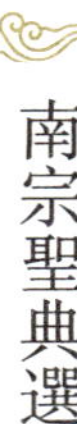

晦明弦朔之節，無冬至夏至之分，無陰火陽符之別，無十二時中只一時之說，無三百日內在半日之訣，亦不在攢簇年月日時之說。若言其時，則十二辰意所到皆可爲。若言其妙，則一刻之工夫，自有一年之節候。但安神息在天然，此先師之的說也。晝夜屯蒙法自然，何用孜孜看火候[三五]，此先師之確論也。噫，聖人傳藥不傳火之旨，盡于斯矣。詩曰：學人何必苦求師，泄漏天機只此書。踏破鐵鞋無覓處，得來全不費工夫[三六]。

後序[三七]

神無方，易無體，夫所謂玄關一竅者，不過神識氣，使氣歸神，回光反照，收拾念頭之一法耳。玉溪子曰：以正心誠意爲中心柱子者，是也。夫所謂藥物火候者，亦皆譬喻耳。蓋大道之要，凡屬心知意爲者，皆非也。但要知人身中一個主宰造化底，且道如今何者爲我。若能知此，以

三五　米晶子註：看火候直指。

三六　米晶子註：良知良能，知者神也，良者意也。

三七　摘自《南宗聖典・歷代師真文粹・陳虛白規中指南》《正統道藏・洞真部方法類・陳虛白規中指南》。

靜爲本，以定爲基。一斡旋頃刻天機自動，不規中而自規中，不胎息而自胎息，藥不求而自生，火不求而自出，莫非自然妙用。豈待乎存思持守，苦己勞形，心知之，意爲之，然後爲道哉？究竟到此，可以忘言矣。明眼者以爲如何？武夷昇真玄化洞天真放道人虛白子陳冲素序。

太上脩真玄章[三八]

一炁化生章第一

神者，性也，有天地之性，有氣質之性。父母未生已前，即天地之性；父母既生之後，即氣質之性。氣者，有天地之氣，真炁也。父母之氣，凡炁也。蓋人初在母腹中，受父精母血，成其眹兆也。所謂凡炁合空洞帝真九炁，而全其體段，所謂真炁也。一炁生胞，二炁生胎，三炁長靈，

三八　摘自《南宗聖典·歷代師真文粹·陳虛白規中指南·太上脩真玄章》《正統道藏·太玄部·太上脩真玄章》。

明僊之炁而生魂，性始來。以體段未具，而不能靈。迨夫四炁魄生，五氣臟生，第六炁天高真衝融之炁，而生靈，體段始具，則能動。動則神生，神生則性靈。至九月炁足，十月胎圓，然後降生。

性命根蒂章第二

神僊云：人在母腹中，其臍帶與母臍帶相連，母呼亦呼，母吸亦吸。及乎降誕，剪去臍帶，然後各自呼吸。而所受父母一點凡炁，則栖于下丹田中，而寄體于腎。其丹田前對臍，後對腎，在臍腎之間，其連如環。廣一寸二分，有二竅，以應乾坤。上通泥丸，下貫涌泉。旁有六竅，以應坎離震巽艮兑，以通六腑。一身之炁，皆聚于此，如水之朝東，輻之凑轂。故此竅爲命之根蒂，其性居丹田泥丸，而寄體于心。泥丸者，在人之首，明堂之間，六合之内，是爲頂門，故世呼嬰兒頂門爲性門也。性門未合，皆知宿生因緣等事，合則忘之矣。故泥丸爲性之根，能知性根命蒂，則始可言脩鍊矣。

先天後天章第三

天地之炁有二，未受胎已前，謂之先天，又謂之母炁。其爲炁也，至大至剛，充塞天地，周流六虛，晝夜不息。人纔受胎，便禀此炁，謂之後天，又曰子炁，又云日月發生之炁，即前所謂混合空洞帝真九炁是也，其實一炁耳。其炁亦充塞人腔子裏，每日用子時，斗柄帖地，先天之炁隨斗柄，從九地之下發生，周流六虛，造化萬物。子時非人間之子時也。日用二六時中，常常收視反聽，頓覺身中暖炁衝然，即其時也。丹經云：精生其時，時至自知，百刻之中，切忌昏迷。天地之炁既生，人身之子炁亦感類而從其發生，上升丹田，點化凡炁，以成人身之造化。

形神玄用章第四

形者[三九]，神氣之舍；神者，形氣之主。形氣非神，塊然一物，靈神非形氣，則茫然無歸宿之地。嗚呼！神則性也，氣則命也，二者不可偏廢。

三九　米晶子註：形者胎息也。

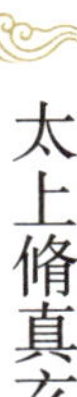

脩性而不脩命，紫陽云：精神屬陰，宅舍難固，未免長用遷徙之法。脩命而不脩性，釋氏云：鍊炁純粹，壽可萬歲，若不明正覺三昧，報盡還來，散入諸趣。所以儒家云：論性不論炁不備，論炁不論性不明。要知性爲上，氣次之。

金丹作爲章第五

鍊金丹者，以形譬鼎器，氣喻藥物，神喻火功。忘機絕慮，收視返聽，使精神魂魄意五者不泄，定鼎器也。晝牝夜玄，攝心一處，終日默默，如愚如痴。採藥物也，惺惺不昧，了了常如，神不外馳，其炁自息，調火功也。是以聖人忘形以養炁，忘炁以養神，忘神以養虛，形神俱妙，與道合真。所謂忘者，非枯木死灰，面壁昏坐，懵然無知之謂也。心若太虛，内外貞白，圓活如走盤之珠，澄湛如印潭之月，動而不動，静而不静。必有事焉而勿正，心勿忘，勿助其長，縱之不逸于外，制之不拘于内，胸次間常虛豁豁地，夫是謂真忘矣。若夫虛化神，神化炁，炁化形，死矣，是與凡夫無别。

虛無生化章第六

天地之外，曰太虛太無，總曰虛無，又曰虛空。以無心，故虛故無，虛則能容，無則能化。是以物各付物，事各付事，形各付形，氣各付氣。四者各付本根，天地自覆載，日月自運行，陰陽自升降，寒暑自往來，四時自推遷，五炁自順布，飛潛自動静。色自色，天地亦何容心焉。此天地所以能長且久也。人不能與天地同長久者，以其有心，故不能虛無。苟能虛無，其神自來歸。神歸炁復，始可言脩鍊矣。

脩鍊三治章第七

夫脩鍊之法，當先慎言語，次節飲食，其次省睡眠。此三者，乃脩僊脩佛之大關鍵也。胡爲而言哉？老君曰：玄牝之門，是謂天地根，綿綿若存，用之不勤。玄牝者，神炁也，口鼻者，神炁之門户也。出息入息，長收緩放，使之綿綿，歸根復命，以養元炁。故先之以慎言語。紫陽云：虛無生一炁，一炁産陰陽。人自日用發生之炁，每憑虛而生，人纔饑虛，便思飲食，以故塞其炁。其炁既塞，不能歸元，則隨聲色香味、喜怒哀樂耗散之矣。故次之以節飲食。學道之士，如鷄抱卵，使暖氣相續，纔有間斷，賺他性命。人若貪睡，則神離于炁，炁無所主，奔潰肆逸，欲望凝結，其可得乎？故次之省睡眠。

神氣交媾章第八

既能慎言語，節飲食，省睡眠，然後行内鍊採藥之方，坐禪脩幻之法，次第而行之。由先天之母氣下降，而後天之子氣上升，俱會于丹田，默化父母之凡炁。日久月深，凡氣鍊盡，真炁充實，其炁油然而生，莫之能禦。自雙關升泥丸，與神交姤，所謂追二炁于黄道，會三性于元宫，仍化成甘露。自玄雍而下，復入丹田，一升一降，成其造化。但要此心虛無，一念不動，然後相應。不然則藥材消耗，火候差殊，不作丹也。此皆出于自然，不可存神運炁，與揠苗助長之説同日語矣。

動靜升降章第九

動極生靜，靜極生動，一動一靜，互爲其用而已矣。如天地之妙，其動也闢，其靜也翕，不闢則不翕，不翕則不闢。闢兮翕兮，生生無窮。若靜定之功既極，元陽之炁自生。炁之生也，乾坤震動，山嶽動搖，龍象爭馳，風火相激，醍醐灌頂，光射簾幃。已而淫淫若春澤，液液象解冰，自頭流達足，究竟復上升。往來三宫，自升自降，無暫休息；一升一降，爲一周天。蓋氣上升爲冬至子時，一陽生于五陰之下，其卦爲復，進退至坤，六陰既極，復變而昇。二至二分，晦朔弦望，五行四象，二十八宿，三百六十五度，攢簇歸一刻之中。一刻故有一年之炁象，一年三萬六千刻，刻刻要調和，除却卯酉外，可以奪天上三萬年氣數。此皆與天地造化默相符合，非執文泥象之法也。

鍊㦬成神章第十

當此之時，氣脉調和，精神爽快，曦然如浴之方起，睡之正醒，夫婦合歡，子母留戀。自神抱其氣，氣抱其神，日積月累，互相交合，打成一片，陰盡陽純，遂成真人。迨夫脱胎神化，身外有身，聚則成形，散則成炁，去來無礙，靈顯自如。造化莫能拘，陰陽莫能制，鬼神莫能測，寒暑不能侵，逍遥乎無何有之鄉，與虚無同其體矣。

悟玄篇序四〇

蓋人生于天地之間，秉受陰陽之氣，故曰有死生。爲人者，可鬼可僊，鬼者，純陰之氣；僊者，純陽之體。以陰鍊陽甚易，以陽鍊陰不難。所謂學僊之士，無過以陽鍊陰之術，陰盡陽純，則曰僊矣。鍊陰有法，進火有數，退符有節。夫人身中一竅，名曰玄牝，若人明得此竅，則三才

四〇　摘自《南宗聖典·歷代師真文粹·悟玄篇·悟玄篇序》《正統道藏·太玄部·悟玄篇》。

萬物悉備于我矣。此之一竅，非泥于物也，其理别無他術，止不過忘形滅念，如守其中矣。久久純熟，中宫静極，則身中陽氣自然生也。陽氣漸生，陰氣漸剥，乃日陽長陰消之意矣。予于古杭得受師傳，天機不隱，故以鄙句，盡心泄漏于此矣。使學僊之士，幸垂一覽，同登道岸，非豈异于我哉。歲在己丑夏月朔日，余洞真序。

悟玄篇四一

道本無言，因言而顯其道；法本無象，因象而得其理。得象忘言，得兔忘筌，何矣？故曰：過河須用筏，到岸不須舟。所謂人者，秉受元陽真氣，三百八十四銖，内分二十四銖，散于五臟六腑，以應二十四氣；外分三百六十銖，以應周天三百六十度。元和子曰：人身大抵同天地。邵子曰：誰把三才别立根，一身别有一乾坤。此之謂也。蓋人子時，兩腎

四一　摘自《南宗聖典·歷代師真文粹·悟玄篇》。

中二氣上升，午時到心，二氣交合熏蒸，肝肺之液自心而來。左腎之氣負戴肺液而下降，右腎之氣負戴肝液亦下降矣。亥時到于腎，肺液到于左腎，化而爲精，肝液到于右腎，化而爲血矣。久久元氣耗散，精血乾枯，則曰死矣。丹書曰：五行順行，法界火坑；五行顛倒，大地七寶。蓋言學僊之士，龍從火裏出，虎向水中生，此五行逆行之理也。所以逆則爲聖，順則爲凡。故以三關之妙用，一鍊精化氣，爲初關；二鍊氣成神，爲中關；三鍊神還虛，爲上關；虛空粉碎，爲了當。三關妙用，要在心傳，沐浴兩月，玄之又玄。口訣祕細，未敢輕言。學僊之士，不遇明師指點，到老無成，空度歲月爾。

形化

夫人受父精母血，成胎之時，中含一點元氣，以爲造化之根蒂矣。先生左腎，次生右腎，腎生心，心生肝，肝生肺，肺生脾，脾生小腸，小腸生大腸。五行形化而生，形體具足，十月胎成，以就嬰兒矣。今人只知形化而不知氣化。所謂學僊之士，只論氣化而不論形化。今人多以兩腎中間爲生身處，又言心腎爲水火，肝肺爲魂魄，脾土爲意，全然非矣[四一]。

氣化

蓋人在母胎中，十月氣足，其初受父母一點元氣而至于心矣。其氣到心之時，則發胎氣布散于外，以接其生也。夫鬼在于暗中，渺渺茫茫，不知分曉，微覺在細雨密霧之中，而無一點光明，遂逐靈光而去，接入胎中，徑入光内，俱不知陰見其陽，則化爲氣矣，名曰太極。其氣復昇之頂，分爲二氣，下降于左右二腎，名曰兩儀。乾道成男，坤道成女，乾坤相橐而生六子，散乎于外而爲六脉，六脉周流，一身備矣。造化悉備，所以降生于世以爲人也。所謂學僊之士，要識生身之處，立爲丹基，可以超凡入聖也。吾今恐言未盡，故立圖以發學，誠爲叅學爾。

四一　米晶子註：形者體也。

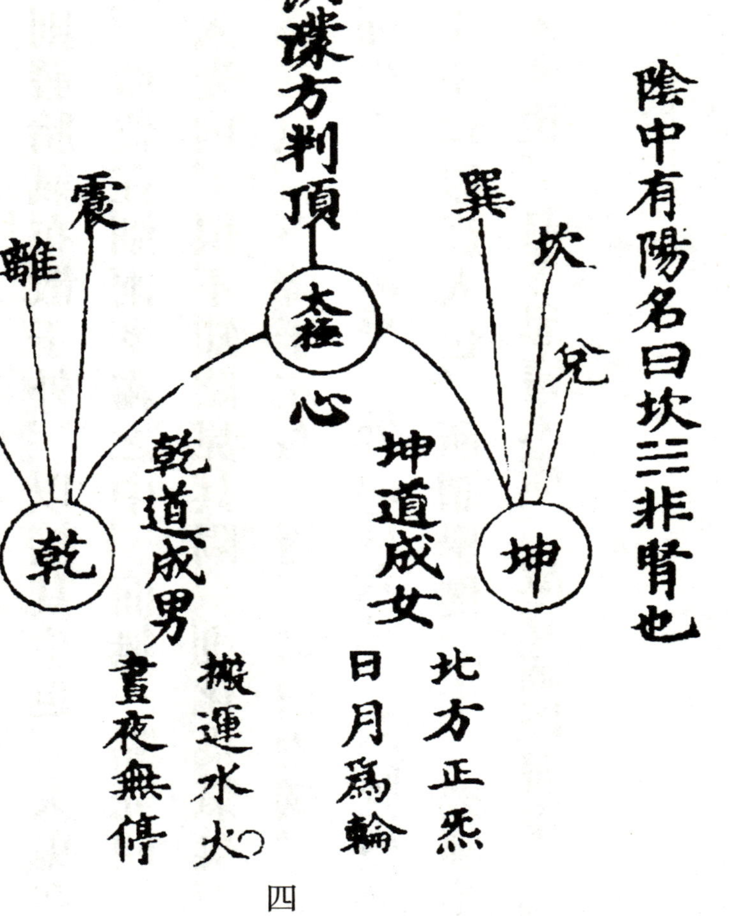

四三

四三 坎離卦圖依據《正統道藏》改正。

坐工口訣

夫學道之士，不拘時候，但得身心閑暇之時，求于静處，瞑目閉口，忘坐端耳。或盤膝，或不盤而坐，皆可。夫坐之時，外忘其形，而不著物累，内忘其心，而不著事。若存其中，似存不存，似守不守，而著于空矣。久久純熟，自然念定。念定則陽生，陽氣生則有升有降。其氣升者，自腰間尾閭而升，直上夾脊而止，藉巽風則鼓而上於頂矣。二氣交合，下降于舌端，如蜜之甜，款款嚥納，只入中宫矣。丹書曰：吹噓賴巽風。又曰：初時須著力，次候却如無。總知升降，不明火候之數，日用工夫，三關妙用，沐浴玄機，空延歲月，到老無成矣。古歌曰：神僊不肯分明説，悮殺閻浮多少人。何也？這些道理人還識，陸地神僊鬧似麻。所謂天機祕訣，未敢泄漏于文，故以口傳心授爾。

火燥水濫

夫火燥者，上升不止；水濫者，下降不息。若有法度調和，斤兩運用，

則火不炎燥，水不汎濫，自然定矣。『用』[四四]時則有，不用則無，其理玄機，在乎口訣。既不知此妙用，則何一鍊精化氣，二鍊氣成神，三鍊神還虛也。今學道之人，天下紛紛，其得正傳者，無有一二爾。此個道理，豈可輕易授人哉？

沐浴

十月懷胎，兩月沐浴，共成一載三百六十日矣。且休説十月懷胎，其兩個月而沐浴，安于何處矣？此兩個月而又不行火候，或安于前，或安于後，或安于其中矣。委的實用非不用也。學道之士，須要叅學，莫泥于卯酉二月，非也。脱胎之時，莫非口傳心授爾。

玄關一竅

玄關竅假在其中，無形無象亦無窮。今人若指其安處，便隔千山幾萬重。若人指點心肝脾肺腎不著處，却如虚處巧捏一穴，其言終矣，著一處，

四四　疑缺『用』字。

却非終矣。

藥物

精中氣血血中精，精氣元同太極成。莫言呼吸爲交感，此物安能有死生。

火候

進火之時，頃刻一周天。夫十個月而三百日，三千六百時，三萬刻。或刻刻行火候，或時時行火候，或日日行火候，或時中不拘于刻，或日中不拘于時，但用便用。但不知法度，則亂升亂降，則不能上矣。口訣存焉。

中宮

土生萬物，心主萬事，心即土也，土即心也，故曰中央戊己土。中央即玄關一竅也。了得土，萬物死，了得心，萬事息。今知學道人，茫茫只向外邊尋覓，却不去中心求其道也。

抱一

脱胎吞入腹，在於人間，九載積行滿八百，而證于僊。乾坤往來，游遍

名山洞府，行滿八百之日，奉金書玉詔，而列于班矣。

出神名曰解胎

學道底人，總不知火候，沐浴造化之備，其脱胎之時，莫非口傳心授爾。

玄關一竅

玄關一竅者，乃一身總要之關也，此竅者即心中之心是也。其心非肉心，乃心中之主宰，一身萬事之神也。其神者無形無相，非有非無也。人能無私之時，便是玄關一竅，纔有一毫私欲，不是也。程子曰：不偏不倚之謂中，纔有偏倚便不中也。杏林石真人曰：身裹有玄機，心中無垢塵。斯言盡矣。

玄關一竅，萬事之宗，動交于物，静養在中。不無不有，非色非空，凝然湛定，氣息流通。左升白虎，右發青龍，齊停夾脊，鼓起巽風。搧開爐鞴，透上崑峰，乾坤交姤，化作一泓。降至舌端，嚥入黄宫，一日之内，三四遍功，初關百日，沐浴一月，中關百日，沐浴前同。上關百日，火候數窮，脱胎神化，抱一養童。九年行滿，白日上升。大道無言非有問，忘形忘象求鉛汞，守中一物莫存，專意身心要守定。呼吸一應便神清，六脉自然朝性命，精神魂魄各歸元，至此身心寂不動。一陽生至二陽遷，只待温温行火令，須臾直舉至銀河，玉枕泥丸如火烘。乾坤交媾降明堂，項上圓光懸寶鏡，如如下降至舌端，滿口馨香甘液噴。徐徐嚥納下黄庭，遍體金光隨罩定，三家相見結嬰兒，一卦三二兩卦定。晨昏握運仗天罡，四三皆拱璇璣柄，一年进破頂門，是謂超凡而入聖。九年抱一行圓滿，獨步翔鸞歸大洞。吾今泄破聖賢機，洗耳瞑心存一定，莫待鉛虚汞散飛，他時赴死甘心盡。玄機備細剖心傳，學道人人早精進。

初下手

【沐浴】

身中沐浴，乃氣候之沐浴；月中之沐浴，乃丹頭之沐浴也。紫陽曰：兔鷄之月及其時。斯言者，兩月沐浴也。

精全氣旺藥爐温，二八臨門固蒂根，不向抽添加火候，洗心滌慮道常存。又氣候來潮，須當塞兑垂簾，湛然無欲，以待氣候過也。毋得縱意四散，所謂不能固濟，須丹傾矣。

工夫到此要防危，不比尋常一類推，氣候來潮須保養，禁關閉兑守無爲。

【靜極生陽】

靜極陽生

朔☷長

一日旺似一日

嫩

採囗

動極陰生

望☰消

老

一日衰似一日

鉛見癸生須急採

採藥時用看老嫩

金逢望遠不堪嘗

【一日衰似一日】

嫩如涌泉之泛上是也，老如蟻行，如毛細是也。

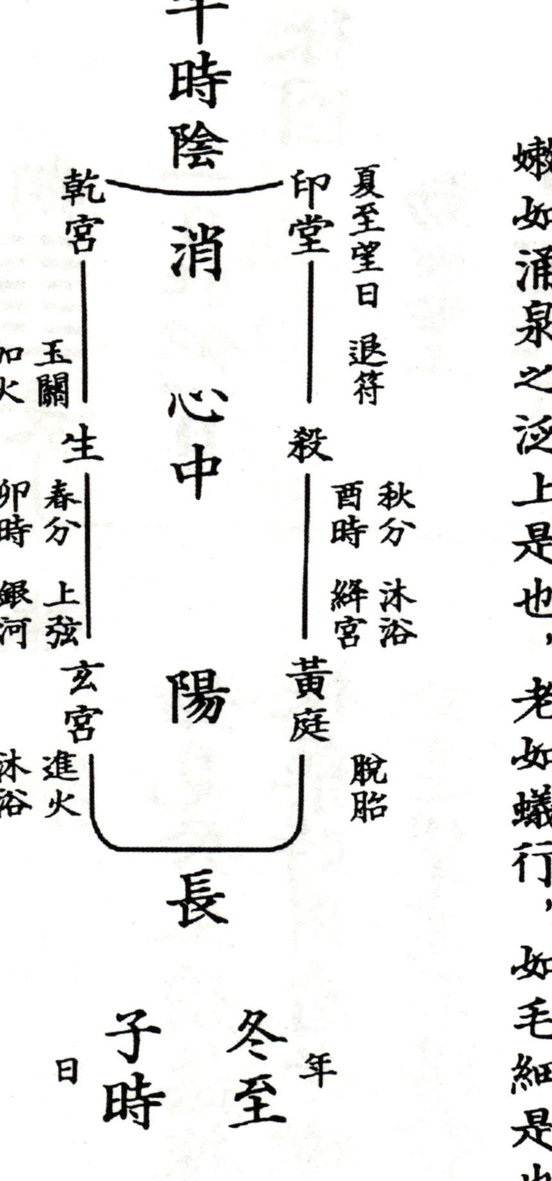

閉目若存中，如空空不空，坤宮真氣發，背上炎烘烘。巽風輕鼓舞，一直透天宮。閉之不可放，化作滿頭霐。徐徐而放下，大地作甘霖。

（陰陽）夫人者，頭乃諸陽聚會之所，其中有陰，名曰真汞。五臟者，乃諸陰聚會之所，其中有陽，名曰真鉛。蓋心者，上不屬于陽，下不屬于陰，而得其中以爲一身之主宰。視之不見其形，聽之不聞其聲，叩之者感而遂通，中之者寂然不動。人若向此不動中做工夫，終至純熟，則知天地造化悉備于我矣[四五][四六][四七]。

南宗聖典選録摘録終

四五　米晶子註：真訣竅，多思多想。認定真竅做工夫，天人必應也。

四六　米晶子註：金神不壞。

四七　米晶子註：作人天眼目。

註呂祖百字碑四八

養氣忘言守

凡脩行者先須養氣養氣之法在乎忘言守 一忘言則氣不散守 一則神不出訣曰緘舌静抱神定

降心爲不爲

凡人之心動蕩不已脩行人心欲入静貴乎制伏兩眼眼者心之門户須要垂簾塞兑一切事體以心爲劒想世事無益於我火烈頓除莫去貪着訣云以眼視鼻以鼻視臍上下相顧心息相依着意玄關便可降伏思慮

動静知宗祖

動静者一陰一陽也宗祖者生身之處也脩行人當知父母未生之前即玄牝也一身上下乾坤八卦五行四象聚會之處乃天地未判之先一點靈光而成即太極也心之下腎之上彷彿之内念頭無息所起之處即是宗祖所謂動静者調和真氣安理真元也蓋呼接天根吸接地根即闔户之謂坤闢户之謂乾

四八　張三丰真人註。校對版本：《道藏輯要·畢集八·三丰全集·註呂祖百字碑》。

呼則龍吟雲起吸則虎嘯風生一闔一闢一動一靜貴乎心意不動任其真息往來綿綿若存調息至無息之息打成一片斯神可凝丹可就矣

無事更尋誰

若能養炁忘言守降伏身心神歸炁穴意註規中混融一炁如鷄抱卵如龍養珠念茲在茲須臾不離日久工深自然現出黍米之珠光耀如日默化元神靈明莫測即此是也

真常須應物應物要不迷

此道乃真常之道以應事易於昏迷故接物不可迷於塵事若不應接則空寂虛無須要來則應之事去不留光明正大乃是不迷真性清静元神凝結訣曰着意頭頭錯無爲又落空

不迷性自住性住氣自回

凡人性烈如火喜怒哀樂愛惡欲增變態無常但有觸動便生妄想難以静性必要有真懲忿則火降真寡欲則水昇身不動名曰煉精煉精則虎嘯元神凝固心不動名曰煉氣煉氣則龍吟元氣存守意不動名曰煉神煉神則二氣交三元混元氣自回矣三元者精氣神也二氣者陰陽也脩行人應物不迷則元神自歸本性自住矣性住則身中先天之氣自回復命歸根有何難哉訣曰回光返照一心中存内想不

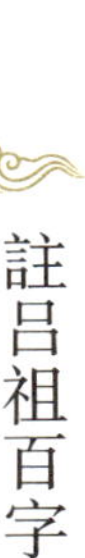

出外想不入

氣回丹自結壺中配坎離

脩行人性不迷塵事則氣自回將見二炁升降於中宮[四九]陰陽配合於丹鼎忽覺腎中一縷熱炁上沖心府情來歸性如夫婦配合如癡如醉二氣絪緼結成丹質而炁穴中水火相交循環不已則神馭炁炁留形不必雜術自長生訣曰耳目口三寶閉塞勿發通真人潛深淵浮游守規中直至丹田氣滿結成刀圭也

陰陽生反覆普化一聲雷

功夫到此神不外馳氣不外洩神歸炁穴坎離已交愈加猛烈精進致虛之極守靜之篤身靜於杳冥之中心澄於無何有之鄉則真息自住百脉自停日月停景璇璣不行太極靜而生動陽產於西南之坤坤即腹也又名曲江忽然一點靈光[五〇]如黍米之大即藥生消息也赫然光透兩腎如湯煎膀胱如火炙腹中如烈風之吼腹內如震雷之聲即復卦天根現也即固心王以神助之則其炁如火逼金上行穿過

四九　米晶子註：中宮，天心也。

五〇　米晶子註：炁即真性靈光也。

尾閭輕輕運默默舉一團和氣如雷之震上升泥丸周身涌躍即天風姤卦也由月窟至印堂眉中漏出元光即太極動而生陰化成神水甘露内有黍米之珠落在黄庭[五一]之中點我離中靈汞結成聖相之體行周天火候一度烹之煉之丹自結矣

白雲朝頂上甘露灑須彌

到此地位藥即得矣二氣結刀圭關竅開通火降水升一炁周流從太極中動天根過玄谷關升二十四椎骨節至天谷關月窟陰生香甜美味降下重樓無休無息名曰甘露灑須彌訣曰甘露滿口以目送之以意迎之送下丹釜凝結元氣以養之

自飲長生酒逍遥誰得知

養氣到此骨節已開神水不住上下周流往來不息時時吞咽謂之長生酒訣曰流珠灌養靈根性脩行之人知不知

坐聽無弦曲明通造化機

功夫到此耳聽僊樂之音又有鐘鼓之韻五氣朝元三花聚頂如晚鴉來棲之狀心田開朗智慧自生明

五一　米晶子註：黄庭即中宫天心也。

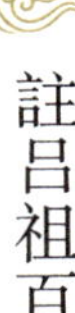

通三教經書默悟前生根本豫知未來休咎大地山河如在掌中目視萬里已得六通之妙此乃實有也吾行實到此際若有虛言以誤後學天必誅之遇之不行罪遭天譴非與師遇此事難知

都來二十句端的上天梯

自養炁忘言至此二十句皆是呂祖真正口訣工夫無半點虛偽乃脩行上天之階梯得悟此訣與註者可急行之勿妄漏洩勿示匪人以遭天譴珍重奉行克登天闕

註呂祖百字碑終

道情歌五二

道情非是等閒情既識天機不可輕先把世情齊放下次將道理細研精未煉還丹先煉性未脩大藥且脩心心脩自然丹信至性清自然藥材生緊加功雷聲隱隱震虛空電光灼處尋真種風信來時覓本宗霞光萬道籠金鼎紫雲千丈罩天門若還到此休驚怕穩把元神守洞門如貓捕鼠兔逢鷹急急着力又加勤萬般景象皆非類一顆紅光是至真此箇紅光是春意其中有若明窗塵中懸一點先天藥遠似葡萄近似金到此全憑要謹慎絲毫念起喪天真待他一點自歸伏身中化作四時春一片白雲香一陣一番雨過一番新終日綿綿如醉漢悠悠只等洞中春遍體陰精都剥盡化作純陽一塊金此時氣絶如小死打成一片是全真到此功成纔了當却

五二　張三丰著。校對版本：《道藏輯要·畢集八·三丰全集·玄要篇上·道情歌》。

來塵世積功勛行滿功成天命詔陽神出現了真靈此言休向非人説不逢達者莫輕論其中切切通玄理此真之外更無真收拾行囊牢封固他日成功可印心可印心五十二句要君尋若有虛言遭天譴説與非人鞭喪身

道情歌終

打坐歌[五三]

初打坐學參禪這個消息在玄關祕祕綿綿調呼吸一陰一陽鼎内煎性要悟命要傳休將火候當等閒閉目觀心守本命清淨無爲是根源百日内見應驗坎中一點往上翻黄婆其間爲媒妁嬰兒姹女兩團圓美不盡對誰言渾身上下氣沖天這個消息誰知道啞子做夢不能言急下手採先天靈藥一點透三關丹田直上泥丸頂降下重樓入中元水火既濟真鉛汞若非戊己不成丹心要死命要堅神光照耀遍三千無影樹下金鷄叫半夜三更現紅蓮冬至一陽來復始霹靂一聲震動天龍又

五三　張三丰著。校對版本：《道藏輯要・畢集八・三丰全集・玄機篇上・打坐歌》。

吽虎又歡僊樂齊鳴非等閒恍恍惚惚存有無無窮造化在其間玄中妙妙中玄河車搬運過三關天地交泰萬物生日飲甘露似蜜甜僊是佛佛是僊一性圓明不二般三教原來是一家飢則喫飯困則眠假燒香拜參禪豈知大道在目前昏迷喫齋錯過了一失人身萬劫難愚迷妄想西天路瞎漢夜走入深山天機妙非等閒漏洩天機罪如山四正理着意參打破玄關妙通玄子午卯酉不斷夜早拜明師結成丹有人識得真鉛汞便是長生不老僊行一日一日堅莫把脩行眼下觀三年九載功成就煉成一粒紫金丹要知此歌何人作清虛道人三丰僊

打坐歌終

鉛火歌[五四]

大藥之生有時節亥末子初正半夜精神相媾合光華恍恍惚惚生明月媾罷流下噴泡然一陽來復休輕泄急須閉住太玄關火逼藥過尾閭穴採時用目守泥

五四　張三丰著。校對版本：《道藏輯要・畢集八・三丰全集・玄要篇上・鉛火歌》。

丸垂下左上且凝歇謂之瞻理腦升玄右邊放下復起折六六數畢藥生乾陽極陰生往右遷須開關門以退火目光下矚守坤田右上左下才凝住二八數了一周天此是天然真火候自然升降自抽添也無弦望與晦朔也無沐浴共長篇異名掃除譬喻掃只斯兩句是真詮左右二字作前後看勿誤三丰自記

鉛火歌終

無根樹道情二十四首五五

題義無根樹者指人身之鉛氣也丹家於虛無境內養出根株先天後天都自無中生有故曰說到無根却有根也煉後天者須要入無求有然後以有投無煉先天者又要以有入無然後自無返有脩煉根蒂如是而已二十四首皆勸人無根樹下細玩僊花其藥物氣候栽接採取之妙備載其中此道情之不朽者也

無根樹花正幽貪戀紅塵誰肯脩浮生事苦海舟蕩去飄來不自由無邊無岸難

五五　張三丰著。校對版本：《道藏輯要・畢集八・玄要篇下・無根樹道情二十四首》。

泊繫長在魚龍險處游肯回首是岸頭莫待風波壞了舟

又

無根樹花正微樹老將新接嫩枝桃寄柳桑接梨傳與脩真作樣兒自古神僊栽接法人老原來有藥醫訪明師問方兒下手速脩猶太遲

又

無根樹花正青花酒神僊古到今煙花寨酒肉林不犯葷腥不犯淫犯淫喪失長生寶酒肉穿腸道在心打開門說與君無酒無花道不成

又

無根樹花正孤借問陰陽得類無雌鷄卵難抱雛背了陰陽造化爐女子無夫爲怨女男子無妻是曠夫嘆迷徒太摸糊靜坐孤脩氣轉枯

又

無根樹花正偏離了陰陽道不全金隔木汞隔鉛陽寡陰孤各一邊世上陰陽男配女生子生孫代代傳順爲凡逆爲僊只在中間顛倒顛

又

無根樹花正新産在坤方坤是人摘花戴採花心花蕊層層艷麗春時人不達花中理一訣天機值萬金借花名作花身句句敲爻説得真

又

無根樹花正繁美貌嬌容似粉團防猿馬劣更頑挂起娘生鐵面顔提出青龍真寶劍摘盡牆頭朵朵鮮趁風帆滿載還怎肯空行到寶山

又

無根樹花正飛卸了重開有定期鉛花現癸盡時依舊西園花滿枝對月纔經收拾去又向朝陽補衲衣這玄微世罕知須共神僊仔細推

又

無根樹花正開偃月爐中摘下來延年壽減病災好結良朋備法財從兹可成天上寶一任羣迷笑我獃勸賢才休賣乖不遇明師莫强猜

又

無根樹花正圓結果收成滋味全如朱橘似彈丸護守堤防莫放閒學些草木收頭法復命歸根返本元還靈地結道庵會合先天了大還

又

無根樹花正亨說到無根却有根三才竅二五精天地交時萬物生日月交時寒暑順男女交時婎始成甚分明說與君只恐相逢認不真

又

無根樹花正佳對景忘情玩月華金精旺耀眼花莫在園中錯揀瓜五金八石皆爲假萬草千方總是差金蝦蟆玉老鴉認得真鉛是作家

又

無根樹花正多遍地開時隔愛河難攀折怎奈何步步行行龍虎窩採得黄花歸洞去紫府題名永不磨笑呵呵白雲阿准備天梯上大羅

又

無根樹花正香鉛鼎温温現寶光金橋上望曲江月裏分明見太陽吞服烏肝并

兔髓換盡塵埃舊肚腸名利場恩愛鄉再不回頭空自忙

又

無根樹花正鮮符火相煎汞與鉛臨爐際景現前採取全憑渡法船匠手高强牢把舵一任洪波海底翻過三關透泥丸早把通身九竅穿

又

無根樹花正濃認取真鉛正祖宗精炁神一鼎烹女轉成男老變童欲向西方擒白虎先往東家伏青龍類相同好用功外藥通時内藥通

又

無根樹花正嬌天應星兮地應潮屠龍劍縛虎縧運轉天罡斡斗梢煅煉一爐真日月掃盡三千六百條步雲霄任逍遥罪垢凡塵一筆消

又

無根樹花正高海浪滔天月弄潮銀河路透九霄槎影横空泊斗梢摸着織女支機石踏遍牛郎駕鵲橋遇儞曹膽氣豪盗得瑤池王母桃

又

無根樹花正雙龍虎登壇戰一場鉛投汞配陰陽法象玄珠無價償此是家園真種子返老還童壽命長上天堂極樂方免得輪回見閻王

又

無根樹花正奇月裏栽培片晌時拏雲手步雲梯採取先天第一枝飲酒帶花神氣爽笑煞僊翁醉似泥託心知謹護持惟恐爐中火候飛

又

無根樹花正黃產在中央戊己鄉東家女西家郎配合夫妻入洞房黃婆勸飲醍醐酒每日醺蒸醉一場這僊方返魂漿起死回生是藥王

又

無根樹花正明月魄天心逼日魂金烏髓玉兔精二物擒來一處烹陽火陰符分子午沐浴加臨卯酉門守黃庭養谷神男子懷胎笑煞人

又

無根樹花正紅摘盡紅花一樹空空即色色即空識透真空在色中了了真空色相滅法相長存不落空號圓通稱大雄九祖超昇上九重

又

無根樹花正無無影無形難畫圖無名姓却聽呼擒入中間造化爐運起周天三昧火煅煉真空返太無謁僊都受天符纔是男兒大丈夫

無根樹道情二十四首終

返還證驗說五六

七返九還之法下手興功先將上竅陽裏真陰入內金鼎氣海之中與下竅真陽配合陽裏真陰即是自家元神屬三魂下竅真陽即是身中元氣屬七魄其先後二氣一合則坎離自交魂魄混合神氣凝結胎息自定每日如外夫婦交情美快切不可着他水火自然既濟發運四肢如外火之生熖熖相似只要水火均平此是小週天

五六 張三丰著。校對版本：《道藏輯要·畢集八·三丰全集·玄機直講·返還證驗說》。

火候調和薰蒸喉息倒回元海則外陽自然入内真火自然上冲渾身蘇軟美快無窮腹内如活龍動轉升降一日有數十樣變化嬰兒姹女自然成合此是採陰補陽一節脩煉玉液還丹即築基煉己積内法財終日逍遥晝夜常明乃長生久視之初階也世人常借五穀養命數日不食則氣饑死矣若人年老下元虧損骨髓俱空不能勝五穀之氣是五穀能養人亦能殺人若會内外交接水火既濟氣血逆流五臟氣和脾胃開暢食入腹中亦能化氣生精養神人果能得下手天機直候骨髓盈滿腹臍如孕婦人一般却不是有胎形相不過是氣滿精盈神全而已如果三全則真火煅煉調神煉虚大丈夫功成名遂之時也奉勸學人參訪宗師若求至人抉破一身内外天機明白下手速脩煉己待時候一陽至擇地入室煉此龍虎大丹必要僻静鷄犬不聞之處外邊又要知音道友不要一箇閒雜人來到恐防驚散元神先言和光同塵今言僻静處何也煉己於塵俗養氣於山林是入室興功下手之時也要超凡入聖豈是小可的事必須要一塵不染萬慮俱忘絲毫無挂一刀兩斷永作他鄉之客終無退悔之心持空煉神守虚煉性渾身五臟筋骨氣血都化成青氣專心

致志演神純熟成形受使星回斗轉隨心所變直養得渾身無有皺紋如蜘蛛相似上七竅生光晝夜常明身如太虛纔是正時候方可求僊道這應驗氣滿神全法財廣大方可煉大丹纔叫做一箇丹客工夫[五七]既得時候自至七竅光明三陽開泰神劍成形趁水順風發火雷轟電閃方奪外天機下手擒拏採吾身外真鉛以龍嫁虎驅虎就龍若會攢簇不失時節湛然攝起海底之金即開夾脊上泥丸落入水晶宮之内與木汞配合不過半刻攢簇已定真火冲入四肢渾身骨肉火燒刀割相似最難禁受就是十分好漢到此無一分主張防危慮險沐浴身心水火既濟頃刻間渾身如炒豆子一般相似一齊爆開渾身氣血都會成形説話就在身上鬧成一堆舌根下又有兩穴左爲丹井右爲石泉此正是廉泉穴隨骨脉一齊開下腎水上涌到如外水泉一般嚥納不完滋味甚異比糖蜜更不相同又其至妙者臨爐下手之初地將産其金蓮天亦垂乎寶露忽然一點真汞下降透心如冰涼即運一點神火隨之攢簇於交感宮内渾身湛然如千千戰鼓之鳴萬萬雷聲之吼又即是自己一

五七　米晶子註：筆記。再三重看，此章有宜最好。

身百脉氣血變化休要驚怕只要踏罡步斗執劍掌印這裏正是凶惡處三回九轉降師召將如此防顧於虛空中或見龍虎相交天地交泰日月交宫見衆僊諸佛工夫到此諸境發現切不可認他恐着外邪既認元神汞鉛相投三日纔生大藥三日裏最難過遍世界都是邪境四面神號鬼哭八方殺氣狼煙此正是大開關工夫到此十箇九箇都嚇殺了心不可有恐佈蓋己雖化成神却是陰神陰神最靈能千變萬化諸境爲害他豈肯善善降伏前人説得好你會六通神方纔脱生死你若不會六通神休想成道混沌又至三十時辰二日半氣氣相通氣滿至極忽然活潑潑地逆出太陽流珠脱殼入口百萬龍神盡皆失驚此是元陽真丹藥入口始知我命不由天也僊云這回大死今方活又云一戰而天下平即是此等地位這纔是天地交泰日月交宫真陽之藥到口頃刻周天火發骨胎化作一堆肉泥陽神脱體撒手無礙專心致志持空養虛以空養神以虛養心隨心變神夫萬物皆天地生發吾萬神朝拜而賓服厭居塵世逍遥蓬島自有三千玉女奉侍終日蟠桃會上飲僊酒戴僊花四大醺醺渾身徹底玲攏海底龜蛇出現萬神受使纔是真鉛真汞顛倒渾身紫

霧毫光瑞氣千條五龍大蟄法也煉之百日玄關自開嬰兒顯相龜蛇出現自然蟠繞學者到此地位口中纔乾得外汞煉之六箇月體似銀膏血化白漿渾身香氣襲人口中出氣成雲此是靈丹成熟一塊乾汞人服之永不死矣亦能治死人返活煉之十箇月陽神脱體一身能化爲千萬身只候十二月奪盡天地全數陽神已就渾身出入只[五八]萬四千陽神步日月無影入金石無礙入水不溺入火不焚刀兵不能傷鬼神不能測變化無窮已成真人也渾身氣候無不是真藥鷄餐成鳳犬食成龍此理鬼神也難明若不見過這樣言語必不信大藥金丹也造化工夫三回九轉七返八還火候細微攢簇口訣只在三五日間把天地都顛倒過都是自然人身造化陰陽亦是自然却要體天地造化方可成就事從做過見過從試應驗到自然處工夫雖是一年火候細微只在百日之内動靜凶惡只在幾日一時裏得内外攢簇頃刻湛然聖胎成就産黍米之珠吞入腹内周天火足脱胎換骨只是要持空養虛餘皆自然今人果得明師指示先煉己於塵俗積鉛於廛市攢年簇月攢日簇時大

五八　原文爲『只』，疑爲『八』。

定之中只在一刹那間不出半箇時辰把天地都顛倒過運火十月之工體天地自然之法若不能死中求活焉能逃出三災八難哉

返還證驗説終

一粒黍米説五九

此物在道門中喻真鉛真汞一得真得不可着於乾坤日月男女上只於己身内外安爐立鼎煉已持心明理見性之時攢簇發火不出半刻時辰立得黍米玄珠現於曲江之上刀圭入口頃刻一竅開百脉齊開渾身筋骨五臟血肉都化成氣與外水銀相似到此時候用百日火功方有靈妙一得永得無有返還住世留形煉神還虛與道爲一矣

此物在佛門中説是真空真妙覺性下手端的煉魔見性片晌功夫發起三昧真火返本還元一體同觀大地成寶霞光萬道五眼六通煉金剛不壞之身了鬼神

五九　張三丰著。校對版本《道藏輯要·畢集八·玄機直講·一粒黍米説》。

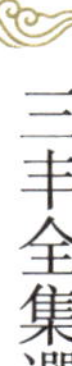

不測之妙也

此物在儒門中說是無極而太極依外天地而論無極是天地週圍日月未判之前四維上下混混沌沌如陰霧水氣直至時到氣滿相激纔是太極是時也日月既生清濁自分在上爲天在下爲地天之清氣爲純陽地之濁氣爲純陰雨露從天降是陽能生陰萬物從地生是陰能生陽天地是箇虛無包藏無窮盡無邊際天之星宿神祇動静轉輪各有方位地下萬物按四時八節自然發生總論只是虛空夫日月是天地之精上照三十三天下照九極萬泉東西運轉上下升降寒暑往來日是純陽之體内含着一點真陰之精屬青龍姹女甲木水銀金烏三魂即是外月是純陰之體内含一點真陽之氣屬白虎嬰兒庚金朱砂玉兔七魄即是内人身造化同天地故人身亦有真日月道在邇人何求之遠也三魂屬性性在天邊七魄屬命命在海底内外通來性命兩箇字了却萬卷丹書性屬神是陰命屬氣是陽故曰一陰一陽之謂道千經萬卷皆是異名然真性命及幻法象若不得真傳則又不可知耳僊云四大一身皆屬陰未知何物是陽精有云涕涶精津氣血液七般靈物總屬陰乃

後天渣質之濁陰非真陰也真陰與真陽相對真陰既不知焉能知真陽乎今之學者不惟不知真陽亦且不知真陰若知真陰亦必知真陽矣不遇明師焉能猜度學者窮取一身中天地人三才之妙窮一身内外真爐鼎之端的及一身内外陰陽之真消息如不得旨一見諸書異名心無定見執諸旁門無有辨理既不知窮理則心不明心既不明則不能見性既不能見性焉能至命古人云只爲金丹無口訣教君何處結靈胎

一粒黍米説終

登天指迷説六〇

道也者生天地育萬物放之則包羅虚空斂之則退藏於密兩儀日月五行都是道中之造化耳物物各具壹太極卽道也人人心上有先天亦道也

五行順而生人生物五行逆而成僊成佛故云五行順則法界火坑五行逆則大

六〇　張三丰著。摘自《道藏輯要·畢集八·三丰全集·玄機直講·登天指迷説》。

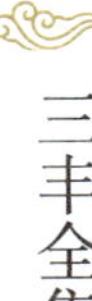

地七寶

這五行之精秘於四大形山不內不外之竅處只是百姓日用而不知耳民可使由之順行也不可使知之逆行也夫魚在水中不知其爲水也人居氣內不知其爲氣也此譬喻當潛心究竟回光返照明心見性果證僊佛復何難哉

有一等小根盲人見先聖所言外陰陽外爐鼎外藥物執迷子女爲鼎器則又可哀已也

假使有緣之士得遇真師先行玉液還丹煉己和光操持涵養迴光返照此即見性明心之事也

大用現前龍女獻一寶珠金光發現至此方爲一得永得亥子之交剥復之間於太陽初動興功時手探月窟足躡天根回風混合從此有百日功靈之妙此金液還丹乃陰陽五行之大道也除此玉液金液性命雙脩清靜自然之道餘皆旁門小法某於一身内外安爐立鼎攢簇口訣藥物火候細微已得虛空法度便去入室行外藥入腹大事發火行功到祕密處有虛空萬神朝禮僊音戲頂此事鬼神難明怎奈因

自己不能煉己於塵俗未得積鉛於市廛氣脉又未甚大定基址也未得三全理雖融而性未見故萬物發現凶險心神恍惚不能做主又因外邊無知音道侶護持看守觸其聲色驚散元神激鼎翻爐劣了心猿走了意馬神不守舍氣不歸元遭其陰魔何爲陰魔我不細言後學不知皆因真陽一散陰氣用事晝夜身中神鬼爲害不論睁眼合眼看見鬼神來往即耳中亦聽得鬼神吵鬧白日閒覺猶可到晚來最難過不敢静定一時我身彼家海底命主兑金之戊土冲返五臟氣血皆隨上騰身提不着他殺身喪命真乃鬼家活計也某乃暫弃前功遵師訓指大隱市廛積鉛塵俗攝情歸性殺機返覆自幼至老被天地人物盗去的天真今於虚無中塵色内却要奪盗返還於我天性之中方得元精元氣元神之三全至是乃心明理融理融見性身心大定五行攢簇纔去行上等事而了大道想前代賢哲多有中道而廢皆因未曾煉己持心金來歸性以至二候得藥於四候進火之時不知虚空法度麤心大意是以白玉蟾有再砍秋筠節之嘆焉誰知虚空消息至微至凶至惡若是擒捉不住定不饒人若是學人知一身内外兩箇真消息了然無礙方去操持涵養克去己私

復還天理則還丹工夫至簡至易終日採吾身外之黄芽以候先天之瓊漿此正是飲酒戴花悟長生之妙也若混元一事則無意無必無固無我恁生恁死忘人忘物如游手好閑不務生理終日穿街過巷玩景怡情淫房酒肆兀坐忘言豈不動世人之驚疑哉攝境積鉛法財兩用豈不致俗子之笑謗哉是以必資通都大邑有力之家以爲外護目擊道存韜光晦跡僊云要貪天上寶須用世間財夫天上寶非指青天之上而言也乃吾身上九陽鼎之寶也故軒轅鑄九鼎而飛昇

世之迷徒壹聞天上寶三字遂執天上日月爲水火乃於月出庚方用兩目行度數以采之爲眞水眞鉛於日出卯時亦運兩目采之爲眞火眞汞

夫天上地下乾坤坎離男女内外爐鼎喻吾壹身之内外陰陽而言並無男女等相僊雲凡有所相皆是虚妄還丹本無質至哉斯言盡矣

間學好的人必不爲損人利己之事宇宙間男女所賴以生而不死者惟此壹點陽精而已豈有學僊的人采女人之精而利己之身哉比與世之殺人者有何異焉又先聖言彼家男女兩家兩國及内外爐鼎等説若人不得正傳其不錯認者幾希矣

某曾遇明師耳提面命抉破虛空內外兩個眞消息不敢私於壹己冒禁相付把壹身天地人之造化三教經書藥物火候日月交合盈滿度數盡都抉破不立文字但說眞言使學者無錯認迷修之誤

是書在處有神物護持若無緣下流見之亦不過瞽唱之文詞耳是金丹大道萬刼難遇正是踏破芒鞋無覓處得來全不費功夫學者果能涵養於造次顛沛流離之際保此方寸不失是天理復矣天理既復然後求向上外藥入腹事頃刻湛然脫胎換骨渾然化壹道金光大地成寶身外生身陽神脫體持空養虛此是五龍大蟄法受諸道遙超出風水火之三刼不在生老病死苦中矣今人不去修行有貪圖爐火外丹服食者此又迷之甚矣按此篇乃玄要下篇道情總說登天指迷即道情詞曲之總名也

篇末云下流見之不過瞽唱文詞即此可知爲道情總說

登天指迷說摘録終

天仙正理直論增註六一

直論九章

先天後天二炁直論第一

冲虛子曰昔讀玉皇心印經云上藥三品神與氣精固然矣

本註云人以精氣神三者以生此身亦以精氣神而養此身於世間凡從人胎生者皆如此僊與佛同是人胎中有此身心而來者故亦同脩此三者而成果學僊佛者當知

然其間有秘密而當直論者正有說焉

秘密者先天後天之說也上古未說之秘中古聖真亦說之特未詳故後世人有遇傳者有不遇傳者有知者少不知者甚多

唯是神與精也衹用先天忌至後天。

六一　明·伍冲虛著。校對版本：河南人民出版社1987年版《道藏》影印本《伍柳僊宗·天僊正理》《道藏輯要·畢集·天僊正理增註》。

先天是元神元精是有變化有神通之物也後天者思慮之神交感之精無神通變化之物也

而炁則不能無先後天之二用以爲長生超劫運之本者

真陽曰二炁者先天是元炁後天是呼吸之氣亦謂之母氣與子氣也超劫之本乃元炁不自能超必用呼吸以成其能故曰有元炁不得呼吸無以採取烹煉而爲本有呼吸不得元炁無以成實地長生轉神入定之功必兼二炁方是長生超劫運之本也

所以呂祖得先天炁後天氣之旨而成天僊也

純陽真人初聞道而未甚精明及見入藥鏡云先天炁後天氣得之者常似醉之説而後深悟成道故真人自詩云因看崔公入藥鏡令人心地轉分明是也

然所謂先天炁者謂先於天而有無形之炁能生有形之天是天地之先天也即是能生有形之我者生我之先天也

天從元炁所生我亦從元炁所生

故亦曰先天脩士用此先天始炁以爲金丹之祖未漏者即採之以安神入定

未漏童真之體即用童真脩法

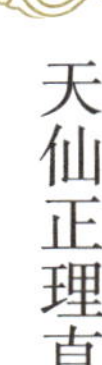

已漏者採之以補足如有生之初完此先天者也

凡在欲界精已漏者遇此先天炁將動而欲趨欲界則採取烹煉還補爲離坎之炁而先天依舊完足即是金丹服此金丹則超出欲界之上而成神僊天僊矣

夫用此炁者由何以知先天之真也當静虚至極時

即致虚極守静篤之説

無一毫念慮

念慮原是妄想心

亦未涉一念覺知

此在不判不動之時尚在將判之先者

此正真先天之真境界也

佛宗所謂不思善不思惡在恁麼時與此同

如遇混沌初分

即鴻濛一判

即有真性始覺真炁始呈是謂真先天之炁也

真陽曰先天之炁藏氣穴雖有動時猶是無形依附有形而爲用者始呈而即始覺尚未墮於形體之用故曰炁之真若依形體而用則旁門邪說之所謂氣者

脩士於此下手須要知採取真時

真陽曰真時者藥生之時易知而辨所以可用不可用之真時則難知非由真僊真傳者不可得此非邪說之所謂時者

知配合真法

即以神馭氣之說

知脩煉真機而後可稱真僊道

真機者總上二者皆是鼎器要真不真則真炁墮於空亡火候要真不真則明明進退之陽火而不陽火暗合進退之陰符而不陰符者不可故脩煉之機要知之真而後可行可成知不真則不可行不可成

所謂後天氣者後於天而有言有天形以後之物

若風氣之類曰巽風者

即同我有身以後有形者也

若呼吸氣之類亦喻巽風者

當陰陽分而動静相乘之時

此言陰陽是言太極一中分陰陽爲二神炁是也陰陽俱有動静故相乘如二分四之説今人若不信陰陽同有動静者如睡濃時炁固静神亦静睡醒時炁亦屬動神亦屬動即如世法俗語便見道理自然循環是如此者

有往來不窮者爲呼吸之氣

何故説往來不窮以呼吸在睡時也有在夢時也有在覺時也有在飲食時未飲食時皆有故曰不窮若神炁歸於元位似不見有則曰元神元炁不與睡中呼吸顯然同相及其神炁同動判然靈覺有照有應顯然不無唯聖真有脩者而後有證以凡夫之呼吸者運至真人呼吸處以凡夫之呼吸窮而死者脩成真人之呼吸窮而長生不死以超劫也

有生生不已者爲交感之精故曰後天自呼吸之息而論

此言凡夫呼吸自然之理

人之呼出則氣樞外轉而闢吸入則氣樞内轉而闔是氣之常度也自交感之精而論由先天之炁動而爲先天無形之精

真陽曰先天炁精俱是無形之稱在虛極静篤時則曰先天元炁及鴻蒙將判而已有判機即名先天元精其實本一也

觸色流形變而爲後天有形之精

若人不遇色欲邪婬必不成後天有形之精此乃人生日用而不知者

是精之常理也皆人道若此而已

人道者言順則爲人時之道也此書篇篇皆先言順而後言逆脩見其即自家所有以脩自家如釋迦所謂衆生即佛之意

後天而奉天者也脩士於此須不令先天元精變爲後天又必令先天之精仍返還爲始炁

即是歸於原相復還命蔕之所始炁者即虛之極静之篤也

是以後天氣之呼吸得真機而致者故於動静先後之際

即所謂如亥之末如子時之初便是

用後天之真呼吸尋真人呼吸處

李云只就真人呼吸處故教姹女往來飛又即張紫陽真人所謂一孔玄關竅乾坤共合成又云橐天籥地徐停息者皆是

一意歸中

即以神馭炁凝神入氣穴之理

隨後天氣軸而逆轉闔闢

元炁固要逆脩而呼吸之氣亦要逆轉不逆轉則與凡夫口鼻咽喉浩浩者何異所以言真呼吸者以此

當吸機之闔我則轉而至乾以升爲進也當呼機之闢我則轉而至坤以降爲退也

乾天在上自下而上機似於吸入故曰闔曰升亦似古之言進升於乾本爲採取之旨坤地在下自上而下機似於呼出故曰闢曰降亦似古之言退降於坤本爲烹煉之旨然現在之烹煉又爲未來採取之先機此道隱齋特言之密旨也

周南餘庠友初至道隱齋問曰何爲進退沖虛子言進退者亦虛喻耳其實不見有似進退何也古云子巳六陽時進陽火三十六午亥六陰時退陰符二十四此言陽時所行則曰陽火陰時所復則曰陰符皆言火也以九陽六陰多少之數言進退亦一定之數也故不似進退非漸加漸減之爲進退而亦非外進內多退少爲進退我故曰不似進退而虛喻進退也又按古云陰符者暗合也其周天中暗合者亦有只曰沐浴之不行火候而暗合於有火候者但不在六陰時而俱可言暗合後世人執進退二字要說進妄以自外而進於內自少而進於多又要退妄以有而退於無如王道所謂戍滅亥休之說吾故曰皆說得不似此說只以升爲進降爲退謂候中只有升降必要似子進陽火午退陰符從此喻說而已

脩煉先天之精合爲一炁以復先天者也

真陽曰此一段即言小周天所當用之機火候所不傳之秘在是脩煉金丹之士只要闔闢明得透徹則金液可還而爲丹若闔闢不明則藥不能生而亦不能採取烹煉大藥無成枉費言脩

世人乃不知先天爲至清至靜之稱所以變而爲後天有形之呼吸者此先天也動而爲先天無形之精者亦此先天也化而爲後天有形之精者亦此先天也此順行之理也

元炁爲生身之本凡一身之所有者皆由元炁所生化

至於逆脩不使化爲後天有形之精者固此先天也不使動爲先天無形之精者定此先天也不使判爲後天有形之呼吸者伏此先天也證到先天始名一炁是一而爲三三而復一有數種之名

即一生二二生三三生萬物之説

即有數種之用

故不知先後清濁之辨不可以採取真氣

真炁者即先天元精清者也後天交感之精濁者也則不真

不知真動真静之機亦不可以得真炁

虚之極静之篤則曰真静未到極篤無知覺時不爲真静從無知覺時而恍惚有妙覺是爲真動未到無知覺時而於妄想中强生妄覺則非真動動既不真則無真炁者

不知次第之用

次第者次藥生之真時採藥歸鼎封固進陽火退陰符周天畢有分餘象閏等用

採取之工

由升降之機得理則能採取得炁不然不得真炁縱用火符亦似水火煮空鐺而已

又何以言伏炁也哉古人有言藥物者單以先天炁而言者也有言爲火候者單以後天氣而言者也不全露之意也有言藥即是火火即是藥雖兼先後二炁而言蓋言其有同用之機藥生則火亦生用藥則亦用火故曰即是亦不顯露之意也後來者何由得以明悟耶脩天僊者不可以不明二炁之真

藥物直論第二

前先天後天已兼火藥論矣此則單論藥之先天

冲虛子曰天僊大道喻金丹金丹根本喻藥物果以何物喻藥也

煉外丹者以黑鉛中所取真鉛白金煉成金丹故內以腎水中所取真炁同於金煉成內丹亦名曰金丹

外以白金爲藥以丹砂爲主內以真炁同於金者爲藥以元神本性爲主故同名金丹同喻藥物

太上云恍恍惚惚其中有物

恍惚者是本性元神不着於知覺思慮似知覺之妙處其中便有物

即吾身中一點真陽之精炁號曰先天祖炁者是也夫既名曰祖炁則必在内爲生氣之根者而又曰外藥者何也蓋古云金丹内藥自外來以祖炁從生身時雖隱藏於丹田却有向外發生之時

如生視生聽生言生動生婬慾皆此一炁化生如思外之色聲香味觸法皆由炁載思以致之

即取此發生於外者復返還於内是以雖從内生却從外來故謂之外藥煉成還丹斯謂之内藥又謂大藥

古云鉛汞相交而産黄芽即此大藥便是黄芽

實止此一炁而已今且詳言外藥内藥之理而所以名外藥内藥之由

聖真學者究此一段則邪説婬風一筆掃盡矣

既曰藥本一炁也非有外内之異而何有外内之名者以初之發生總出於身外而遂曰外藥若不曰外則人不知採之於外而還於内將何以還丹及精補精全炁補炁足神炁俱得定機

真陽曰定機者將用大周天之先機也若小周天則不定之候故小周天有止火之候者以其不定能傷

將定之藥張真人所言若持盈未已不免遭危殆之說便是

於此時發生大藥者

真陽曰大藥不自發生必採之而後發生不似微陽初動爲自發生也然必求何以知採大藥之時知前止火之候則知即採此大藥之時

全不着於外祇動於發生之地因其不離於内故曰内藥

昔人每註只說炁是外藥神是内藥者不是

若不曰内則人一概混求於外則外無藥無所得而阻於小果空亡

此言只可長壽而非不死可超劫運者

將何以化神所以先聖不得已而詳言内外也

張真人云内藥須同外藥俱與此同

既有外内之生所以採之者亦異蓋外藥生而後採者也

純陽真人云一陽初動中宵漏汞紫陽真人云牽將白虎歸家養者是也

内藥則採而後生者也

自邱真人傳於張李曹三真人以及伍冲虛子所謂七日口授天機以採大藥者是也張紫陽亦謂不定而陽不生

此亦往聖之不輕言直論者我今再詳言之以繼世尊所爲重宣偈者云此炁在人未有此身即此炁以生其身

此炁不足者則不能生子之身少者老者皆具此形少者炁足能生子老者炁不足故不生子觀此明知形不能變化生生而炁能生

既有此身則乘此炁運行以自生故曰脩士亦惟聚煉此炁而求長生也

惟能煉則能聚煉聚久之而大藥生爲能起死回生之真僊藥也

但其變化雖在逆轉一炁而其爲逆轉主宰則在神

即神返身中炁自回之説

若念動神馳引此炁馳於慾界則元神散元炁耗變爲後天有形之精此精必傾

有形者終有壞也

不可復留亦不可復返終於世道中之物而已乃無益於丹道之物也若人認此

交姤之精爲藥即爲邪見

丹道以無形元炁爲藥既已有形則不能復爲無形之藥既已婬姤則炁已耗盡且千人千敗萬人萬敗何曾見有一人不敗婬精而能採來補精得長生不死者乎是以脩金丹者不用婬姤之精者以其炁不足不能長生故也

如遇至静至虚不屬思索不屬見聞覺知

總是虚之極静之篤者

而真陽之炁自動

虚静之極自動方是循環自然妙處

非覺而動實動而覺覺而不覺復覺真玄

覺而動者先覺後動也動而覺者先動後覺也

即是先天宜用之藥物此時即有生化之機

可以凡可以聖

而將發生於外者在如天地之炁過冬至而陽動必及春而生物者然也

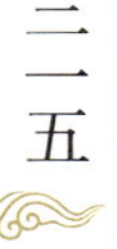

冬至陽初動謂之微陽孔子於復卦之大象云至日閉關安靜以養微陽陽微故不能生物亦不能爲藥

故順而去之即能生人逆而返之則能生僊生佛脩士最宜辨此一着以先天無念元神爲主返照内觀凝神入於氣穴則先天真藥亦自虛無中返歸於鼎内之炁根

即炁之穴也

爲煉丹之本古云自外來者如此此外藥之論也將此藥之在鼎者以行小周天之火而烹煉之

俞玉吾云若知有藥而不得火候之秘以煉之唯能暖其下元非還丹也

謂之煉外丹

此正三家相見之謂亦迴風混合百日功靈之説

外丹火足藥成方是至足純陽之炁

炁不化陰精便是純陽之真炁也

方可謂之坎中滿者曹還陽真人口授以採大藥之景及採大藥之法者正爲此

用也

還陽真人云有可採大藥之景到便知藥成而有大藥可採景不先到藥未成也

夫採之而大藥生而來斯固謂之得內藥矣或有採之而大藥不生者有三故焉

一者或外丹已成

從初陽之微而脩補至於真炁純陽謂之外丹成

而採此藥之真工不明而不知所以採之故不得

此由學者志不大心不堅前脩功行少今脩福力薄僊師只傳以補精築基之功特小成其長生之果者

二者或小周天之火傳之真而行之不真而外丹不成雖知採之而無藥可採故不得

此即馬真人門下弟子問我行道三年尚道眼不明是何故真人曰行之不精

三者火傳之真行之真而候不足

老師昔云火有止候到方是火足藥成候不足止景不到必不可止火

而藥炁不至於純陽雖知採之而藥不爲之採故亦不得藥之不可得則不得曰

內藥也

此三者總言採藥之不得即是道之不成示此以爲學者自勉可不知所懼哉

採得此藥以服食而點化元神張紫陽謂之取坎填離正陽真人謂之抽鉛添汞祇皆言得此內藥也慾將此炁煉而化神必將此炁合神爲煉

古云煉炁化神後人不知如何言化神炁人所自有者炁因婬姤而消耗神因婬慾而迷亂故皆不足而漸趨於死真人脩煉先以神助炁煉得炁純陽而可定後以可定之炁而助神神炁俱定炁至無而神至純陽獨定獨覺即謂炁之化神可也

煉作純陽之神則有大周天之火候在焉

僊家稱爲懷胎爲胎息言如在胎時自有息而至無息佛謂之四禪定華嚴經云初禪念住二禪息住三禪脉住四禪滅盡定是也

當是時也火自有火而至於無火藥自有藥而至於無藥自純陽炁之無漏以成純陽神之無漏而一神寂照則僊道從此實得矣皆藥之二生之真兩採之真兩煉之真以所證者辨藥者爲僊家之至要秘密天機學者可不知辨哉然古人但

言藥物而不言辯法不言用法又不言採時採法一藥之虚名在於耳目之外故後人無以認真我且喻言之如一草一木之爲藥

佛有藥草之喻者

有生苗之時有華實之時自一根而漸至成用者如此真陽之藥自微至著採而用爲脩煉者亦如此

我所以直言此論者正以申明古人所謂藥生有時令人人知辨而知用也世人見此論而信不及者則將何處得真陽將指何者爲真藥物哉吾願直與同志者共究之慎毋信邪説婬精不真之藥物爲誤也

即初九潛龍勿用及九二見龍利用之説

鼎器直論第三

冲虚子曰脩僊與煉金丹之理同聖聖真真無不借金丹以喻明夫僊道僊道以神炁二者而歸復於丹田之中以成真金丹以鉛汞二者而烹煉於爐鼎之内以成寶故神炁有鉛汞之喻而丹田有鼎器之喻也是鼎器也古聖真本爲煉精煉炁

煉神所歸依本根之地而言也世之愚人遂專於煉鉛煉汞而墮壞其萬劫不可得之人身

愚人不知身中先煉者爲外丹服食執鼎器之説只信煉鉛汞金石外藥爲服食不死至失人身而不能救此鼎器之説誤人亦甚矣

妖人婬賊遂妄指女人爲鼎指婬姤爲煉藥取男婬精女婬水敗血爲服食誑人自誑補身接命

游方之士及一切居家愚人以女人爲鼎器以婬姤爲煉接命之藥取男泄之婬精陰户出之婬水經後之敗血從廣胎息書之説皆服食之爲接命不死夫世法中猶慎於婬姤婬姤傷多者有房勞之病而死隨之矣正損身喪命之事反誣曰補身接命且食有形之物同飲食入脾肚出二便即令婬精婬水食之亦入脾肚出二便飲食不能無死精與水亦不能無死假使食精與水可無死食尿屎爲自己所出者亦可無死乎故鍾離云若教異物堪輕舉細酒羊羔亦上升是也此皆由鼎器之説不悟者

而誤弃其性命本自有之真宗

性即元神命即元炁是我生身本來之所自有者神外馳爲婬想炁外馳行婬事皆所以速死者真人以

神馭炁同歸於炁穴根本處禁之令久住於中而不可出以此禁固之義亦曰鼎器

盡由鼎器之説誤之也一鼎器之名而迷者與悟判塗敢不明辨而救之哉夫是鼎器也爲僊機首尾歸復變化之至要者也

首尾者煉精化炁煉炁化神也既用火候爲烹煉必有鼎器爲封固既以神炁歸於丹田之根則丹田便是鼎器方有妙用

若無此爲歸復之所而持疑無定向則神何以凝精炁歸穴耶然鼎器猶是古來一名目也

凡有一虛名者必有一實義故世尊所説欲明佛法每借權顯實僊家每有言皆欲顯實故真僊真喻者固多而邪説混入邪喻者更甚

不知身中所本有者有乾坤爐鼎之喻也

乾爲上田亦天在上坤爲下田亦地在下故中和集所説亦有天地爲爐鼎者曰鼎鼎原無鼎者

亦有内鼎外鼎之稱者

有稱金鼎銀鼎者有稱鉛鼎汞鼎者水火鼎硃砂鼎者

言外鼎者指丹田之形言也

佛喻曰法界脩行佛法之界也

言内鼎者指丹田中之炁言也

佛喻曰華藏曰寂光國土

以形言者言煉形爲煉精化炁之用故古云前對臍輪後對腎中間有個真金鼎者是也

僊道神馭炁之必歸於此安止於此禁之不令外動故鼎器關煉鉛汞者似之

以炁言者言煉炁爲煉炁化神之用故古云先取白金爲鼎器

此旌陽真君之説也古以黑鉛喻腎腎中發生真炁取之而喻曰取白金有此白金之元炁是得長生超劫運之本方安得元神住亦以長生超劫運故曰先取爲鼎器以還神也

又曰分明内鼎是黄金

白金内有戊土之黄色故亦稱曰黄金以上喻同

言白言黄皆言所還之炁是也兹再擴而論之無不可喻鼎器者當其始也

即初關煉精化炁時

慾還先天真炁惟神可得則以元神領炁并歸向於下丹田而後天呼吸皆隨神以復真炁即借言神名内鼎者也可若無是神則不能攝是炁而所止之下田爲外鼎者又炁所藏之本位即所謂有個真金鼎之處

此言丹田既爲外鼎則神亦可爲内鼎也

必凝神入此炁穴而神返身中炁自迴

真炁陽精發生時必馳於外者故欲其返迴神知炁之在外則神亦馳在外亦欲返迴者當其炁之在外而神亦隨之在外及神返身中炁亦隨之返于身中故曰神返身中炁自迴也

炁所以歸根者由此也及其既也欲養胎而伏至靈元神

即中關煉炁化神時

惟炁斯可

人生在世間惟是炁載神脩僊出世間亦用炁載神

則以先天元炁相定於中田

參同契云太陽流珠常欲去人忽得金華轉而相因又佛家六祖慧能云心是地性是王王居心地上性在王在性去王無之説皆是

似爲關鎖而神即能久伏久定於中

太上云轉神入定

即如前言炁名内鼎者也可若無是炁

即墮孤陰之説

則不能留是神

而所守之中田爲外鼎者又神所居之本位故神即静定而寂照者如此也

神無所依着則出入無時馳爲視聽言動之妄若依炁爲念則無向外妄念矣

初煉精化炁固以神爲炁之歸依及煉炁化神又以炁爲神之歸依神炁互相依而相守緊緊不得相離真可喻鼎器之嚴密一般

盡皆顛倒立名以闡明此道耳故吕僊翁又曰真爐鼎真囊籥知之真者而後用之真用之真者而後證果得其真豈有還丹鼎器之所當明者而可不實究之耶

此又結言自身有還丹鼎器之當究

又豈有取諸身外而可別求爲鼎器者耶

此又結言泥土金鐵鼎器及女人假稱爲鼎器者俱不可信信之則必誤喪性命

昔有言總在炁聖性靈而得者斯言亦得之矣

白玉蟾云只將戊己作丹爐煉得紅丸作玉酥蓋戊爲腎中氣名白金者曰戊己即心中之本性曰己戊己原屬土故曰土釜即鼎器之別喻也張紫陽曰送歸土釜牢封固是也

夫還神攝炁妙在虛無

虛無者乃真先天神炁之相也神無思慮炁無姪姤

必先有歸依

神依炁炁依神神炁相依而又依中下之外鼎

方成勝定

勝定者最上乘至虛至無之大定也古云心息相依久成勝定

此鼎器之辨不可忽也

火候經第四

冲虚子集説火候經

諸篇皆論此獨名曰經者皆古高真上聖傳於永劫真常不易之經語也

曰天僊是本性元神

僊由脩命而證性故初關是脩命中關是證性

不得金丹不能復至性地而爲證金丹是真陽元炁不得火候不能採取烹煉而爲丹故曰全憑火候成功

吉王太和重問火候冲虚子集聖真諸言而爲此經意曰古僊聖真皆不傳火雖有火記六百篇篇篇相似採真鉛玉皇心印經曰三品一理妙不可聽觀此言雖曰不傳似亦傳之矣雖曰傳之又似不傳矣我每亦遵之不敢傳火及見見在世人人惑於妖妄邪婬個個不知僊道正門乃懼未來聖真無所趨向故又不敢不言之簡而人亦不徹悟猶之夫舊事也言之詳又嫌於違天誡因世人于古云火有候有作爲此言若先入心便責彼言無候無作爲者爲非于古云火無侯無作爲此言若先入心便責言有候有爲者爲非竟不知當有候有爲我亦當有當無候無爲我亦當無所以紫陽真人嘆云始於有作無人見

及至無爲衆始知但信無爲爲要妙孰知有作是根基昔禪宗人亦云你有一個拄杖子我與你一個拄杖子你無一個拄杖子我奪却你一個拄杖子即此説也我故全集衆僊真秘訣而次第之説破逐節當有當無直指世之愚迷遇師時當以此爲參究

昔我李祖虚庵真人云饒得真陽决志行若無真火道難成周天煉法須僊授世人説者有誰真

此言僊道必要僊傳而後可脩成僊俗諺云要知山下路須問去來人若世人所傳者只是世法甚非僊道古僊云若教愚輩皆知道天下神僊似水流彼自己尚無學處將何以教人前七句是必用真火候之斷此四句是必用真火候引證之案以斷案破其題

且謂上古聖真不立文字恐人徒見而信受不及

今世人亦不信書以書正不作巧言故不足取信於人唯邪人能造巧言故能取信於人

中古聖人借名火候而略言之而世又不解知及見薛道光言聖人不傳火遂委於不參究雖有略言者亦不用競取信於妖人之口而已我故曰火候誰云不可傳

既不可傳何故有火記六百篇

隨機默運入玄玄達觀往昔千千聖呼吸分明了却僊

此直言説出火候只是呼吸二字

豈不見陳虛白曰火候口訣之要當於真息中求之

靈源大道歌云千經萬論講玄微命蒂由來在真息

此又直説出火候只是真息真息者乃真人之呼吸而非口鼻之呼吸

陳致虛曰火候最秘其妙非可一概而論中有逐節事條

即我張李曹三真人相傳以來所云採藥之候封固之候起小周天之候進退顛倒之候沐浴之候火足止火之候採大藥之候得大藥服食之候大周天之候神全之候出神之候等皆是

可不明辨之乎

張紫陽曰始於有作無人見及至無爲衆始知但信無爲爲要妙孰知有作是根基

有作者小周天也無爲者大周天也蓋火候行於真人呼吸處此處本無呼吸自無呼吸而權用爲有呼

吸以交合神炁久煉而成大藥者必用有爲也不如是則道不真無人見者秘傳之天機而密行之古先聖真誠人曰知之不用向人誇是也所謂聖人不傳火者不輕傳此也世人邪法皆用有爲僊家之有爲則不同邪說之有爲皆着相僊家之有爲不着相此尤爲無人見者此以前皆從無入有也以後皆從有入無也然呼吸本一身之所有也先自外而歸於内則内爲有故大周天必欲至於無然無者非不用火而言無乃是火候行之妙於無者此火危險甚大因有爲之火易行無爲之火難行也不能無之是危險能無之而或少有一毫雜於有亦是危險無之而或間斷不行亦是危險故紫陽亦囑之世之愚人俗子但見無爲便猜爲不用火遂其所好安心放曠者有之或猜爲始終只用一無爲而已不求所以當有爲於始者有之故曰但信無爲孰知有作此紫陽甚言當有無雙用之旨也

純陽真人曰一陽初動中霄漏汞

此下一段皆言活子時之火候

魏伯陽真人曰晦至朔旦震來受符

此以一月爲喻也晦者月終之夜無光喻身中陰静之時晦而至於次月朔旦者初一也震來者震一陽動於下爻以喻身中真陽精炁之生蓋藥生即火當生震陽既動而來則當受火符以採取烹煉之也上

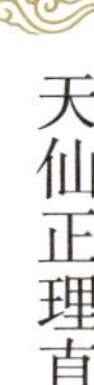

節純陽之説以一日爲喻者中宵爲夜之半即子時之義漏永者火符之刻漏籌數也古人或以日喻或以月喻或以一年喻無所不喻不過借易見者以發明火之不可言者學者皆不可以喻認真但恍忽喻似身中之理而猶非實似也

陳朝元曰

即玉芝書

凡煉丹隨子時陽炁生而起火則火力方全餘時起火不得無藥故也

有藥方能造化生故起火煉藥無藥時不必用火故起火不得若强用火便是水火煮空鐺鐺是炊飯器

陳泥丸曰十二時辰須認子

丹道一周天之用須用真活子時而起火天道一日十二時本有子夜半之時也丹道雖喻子而非可執按其子者于此十二時中皆可有陽生火生之子故稱曰真活子時爲其不拘夜半之死子也脩丹者當於天時中認取丹道當生火之活子時若不知活則謂之當面錯過

白玉蟾曰月圓口訣明明語時子心傳果不訛

月圓則陽光盛滿喻陽炁發生之盛可採取煉之而可成金丹僊機採有時者即此若不及圓則陽不旺

採之亦不成丹亦不能長生不死故千叮萬囑要知時時子者身中陽生之子時必得僊師心傳口授而後得其時之真

彭鶴林曰火藥元來一處居看時似有覓時無

藥是先天炁本無形若以無形而致疑曰不知有所得無所得是終于不得成我則信其無之至真亦以無之妙用而採取烹煉便是真虛無之僊道也火本呼吸之有形若即以有形用之則長邪火以有而用之似無火藥一處居俱於無中得有之妙所以謂之似有似無

予老祖師李虛庵真人曰一陽動處初行火卯酉封爐一樣温

一陽動同純陽之説但曰採取封固曰沐浴温養總要無有雙忘同于太虛

此皆言藥生即是火生以明採藥起火之候也

此是冲虛子總結上一大段之説者採藥者子時火之前也起火者子時火之事也二者必要分明所以達摩云二候採牟尼四候别神功是也

正陽真人曰結丹火候有時刻

此下皆言從起火於子行十二時小周天火候正烹煉金丹之候故曰結丹有時刻

蕭紫虛曰乾坤橐籥鼓有數

橐籥者鼓風吹火之具喻往來呼吸之息即乾呼而坤坤吸而乾之義有數者即乾用九坤用六之數也

離坎刀圭採有時

離心中之神曰已土坎腎中之炁曰戊土上下二土成圭字戊己合一者稱刀圭以喻神炁合一者亦稱刀圭然刀圭由得二土合煉而成又必先知採取二土之時方能成二土之圭不知採時必不成二土之圭也

玉鼎真人曰入鼎若無刻漏靈芽不生時候不正有何定其斤兩升降哉

真陽曰入鼎者真陽之精炁既還於炁穴必要刻漏之火候煉之則黃芽大藥方生有刻漏則知之時已完當用二時六陽用進六陰用退方合正理又能合神炁二者皆半斤八兩又如用一時之刻漏當升當降者不當升降者方有定理

玄學正宗曰刻漏者出入息也

此直言刻漏是出入息之别號刻漏者是晝夜十二時各有刻數每有幾點漏滴之聲以應一刻再至多漏以應一時今言此以喻呼吸之息也以漏數定刻數即如丹道中以真息數定時數也

廣成子曰人之反覆呼吸徹於蔕一吸則天氣下降一呼則地氣上升我之真炁相接也

黄帝於崆峒山石中得陰符經請問文義於天真皇人及廣成子記其言曰三皇玉訣云反覆者上中下三田旋轉之義呼吸者真人之呼吸非凡夫之呼吸徹於蔕者通於炁穴之處吸降呼升者似於反説大抵丹書反説者甚多我以理及事詳究之皆吸升呼降合於自然方得可有可無之妙

予師曹還陽真人曰子卯午酉定真機顛倒陰陽三百息

子卯午酉者入藥鏡所謂看四正者即此四時也

入藥鏡所言在脱胎大周天之後也此言乃小周天也小大事不同而用同何也心印經云三品一理是也我北真孫不二所言無内藏真有有裏却如無即此真機也顛倒陰陽者六陽時用乾之用而進至六陰時則用坤之用顛倒之而退陽時乾策二百一十六除卯陽沐浴不用乾用實一百八十也陰時坤策一百四十四除酉陰沐浴不用坤用實一百二十也合之得三百息周天之數也閏餘之數在外

張紫陽曰刻刻調和真炁凝結

刻刻言三百六十息皆要調和合自然一刻不調則不能入定凝炁而成胎基

薛道光曰火候抽添思絕塵一爻看音刊**過一爻生**

抽添即進退絕塵者念不着於塵妄幻魔爻過爻生者即綿綿無間也

陳泥丸曰天上分明十二辰人間分作煉丹程若言刻漏無憑信不會玄機藥不成

天上明明有十二支之辰位真人效此爲十二時之火候程者一周天節制之限數也若愚人不知始用有作言刻漏不必用便是不會悟玄妙天機之人既不用火煉藥則藥不成無以證道升僊也

又曰百刻之中切忌昏迷

一日十二時中有百刻以足周天者昏迷者或昏睡或散亂皆錯失真候故曰切忌

陳希夷曰子午工是火候兩時活取無昏晝

子午皆活用比喻的非若天時之晝午夜子

一陽復卦子時生午後一陰生於姤三十六

乾用九故四九三十六也

又二十四

坤用六故四六二十四也

周天度數同相似

天上度數之周天與煉丹火候之周天皆相似同此九六之數

卯時沐浴酉時同

二時同用沐浴

火候足時休恣意

崔公云火侯足莫傷丹言不宜恣意行火而不知止也

許旌陽日二百一十六

即乾用九之積數

用在陽時

從子至巳六陽之時也六陽時虛擬之日二百一十六此大約言者有卯沐浴無數之候在中本無此數

一百四十四行於陰候

即坤用六之積數用於陰者從午至亥六陰之時也每四六計之總六陰而虛擬一百四十四也非真實

用此數但言有如此之理學者當因此粗迹而求悟精義之妙

金谷野人曰周天息數微微數玉漏寒聲滴滴符

微微數者精妙不着於相非强制也滴滴符者周天之數無差

真詮曰火候本只寓一氣進退之節非有他也真火之妙在人若用意緊則火燥用意緩則火寒勿忘勿助非有定則尤最怕意散不升不降不結大丹

此是明時初學者之説雖未明大道之人其言亦可示學者爲教誡者

王果齋曰口不呼鼻不吸槖天籥地徐停息巽風離火鼎中烹直使身安命方立

口鼻不呼吸則循真人呼吸之法而呼吸之槖籥者即往來呼吸之義槖天籥地即廣成子呼地升吸天降之説停息者不呼吸之義也邪正皆言停息採戰者曰切須先學停其息胎息廣義妖書亦論停息實無所用處特借此以擒挐愚人令尊已歸依已耳況停又爲强閉强忍之邪法實非停也僊家之停息乃自然静定而寂滅也唯僊佛同鼎中烹呼吸在真金鼎之處不出入於口鼻則内有真寶丹成於此本性元神安立於此謂之築基成者

陳泥丸曰行坐寢食總如如唯恐火冷丹力遲

行坐者坐而行工也非行路有寢有食尚未脱凡夫只是百日内事若十月胎神之工則不寢不食矣如如者入定之妙似有而不着相不空而空似無而不着空空而不空謂之真如真如如則火合玄妙火不冷丹力不遲矣

純陽老祖曰安排鼎灶煉玄根進退須明卯酉門

門灶者即炁穴玄根者即元陽精炁歸於根而煉之鼎灶玄根皆言用火候之處須明者叮嚀之意言人不可只用陽進火陰退符而不用卯酉之沐浴則亦墮空亡而不得藥不能成藥蓋沐浴是成僊成佛最緊要最玄妙之工故世尊有入池沐浴之喻沐浴乃是煉丹之正工而進火退符不過只是調和助沐浴之工而已調和進退而不沐浴則進退成虛幻沐浴而不進退則沐浴不得冲和故曰須明禪家馬祖曰未有常行而不住未有常住而不行亦喻此也

正陽老祖師曰旦暮寅申知火候

本卯酉二時以行沐浴純陽翁已直言之矣其師正陽翁曰寅申者寅之下即卯申之下即酉戒脩士至寅申之候不可忘失卯酉之沐浴也

又曰沐浴脱胎分卯酉

沐浴之工固行於卯酉之候及脱胎亦同於卯酉入藥鏡謂終脱胎看四正即此語脱胎之沐浴曰分者前似有而後似無也人人不洩煉炁化神之工唯正陽翁於此洩萬古之秘

又曰沐浴潛藏總是空

沐浴而成空名曰僊機不能真空則墮旁門强制外道而亦成大病

悟真篇註疏曰子進陽火息火謂之沐浴午退陰符停符亦謂之沐浴

停符二字亦可發明

正陽老祖曰果然百日防危險

小周天有進退之火有不進不退之火若進退不合進退之數不合進退之機不由進退所當行之道不合進退之所當起止已合已由不知火足之當止皆危險所當防者

蕭紫虚曰防火候之差失忌夢寐之昏迷

火候差失則真炁不能補足而大藥不能成夢寐昏迷者或睡中迷於夢則塵妄心生而不能生正覺或行火迷於昏睡無周天之候皆所當防當忌者

天尊得道了身經曰調息綿綿似有如無莫教間斷

息不綿綿則不謂之調無不似有有不如無則亦不謂之調有間斷則亦不謂之調

張紫陽曰謾守藥爐看火候但安神息任天然

神息任天然似大周天之火其實止有藥爐則是言小周天矣但煉藥爐中之火雖屬有爲畢竟要合天然自在爲妙不如是則非僊家真火真候乃外道邪説之火矣

石杏林曰定裏見丹成

石之師紫陽云唯定可以煉丹不定而丹不結此甚至要之語因是總言故不入此正文大字

紫陽曰火候不用時冬至不在子及其沐浴時卯酉時虚比

虚比二字總貫穿四句不用時者不用歷書一日十二之時而用心中默運十二時而虚比也冬至者是人自身中陽生時候虚比曰冬至故身中陽生時必要起子時之火即發生之時爲子不在天時仲冬子月之子也於一日十二時中遇生皆可言子在沐浴當行之時虚比於卯酉卯在六陽時之中酉在六陰時之中調息每至於六時之中可以沐浴矣故古聖遂稱之曰卯酉豈不誤執天時之卯酉哉

又曰不刻時中分子午無爻卦内定乾坤

一日每時有八刻不刻之時是心中默運火符之時虚分子午不用有刻之時也每卦有六爻易也身中

借乾坤虛比鼎爐故言無爻

此皆言煉藥行火小周天之候也

此一句是冲虛子之言總結上文衆聖真所言百日所用之火也

吉王太和問曰古來言火候者多何以分別此名小周天爲百日煉精化炁之用伍子答曰小周天者有進退有沐浴有顛倒有周天度數凡言煉藥煉丹守爐看鼎藥熟丹成皆百日小周天之事我據此法而分別言小後之聖真善學者凡見大藏中所未見者皆當以此法分辨要知前聖必不以無用之言而徒言之

心印經曰迴風混合百日功靈

迴風者迴旋其呼吸氣之喻也混合者因元神在心元炁在腎本相隔遠及炁散而馳外神雖有知而不能用者無混合之法也故此經示人用呼吸之氣而迴旋之方得神炁歸根復命而混合之方得神宰於炁而合一倘無迴風之妙用則神雖在宰炁亦未知炁曾受宰否此爲煉金丹至秘之至要者若用至於百日之工則靈驗已顯炁已足而可定神已習定久而可定故小周天火迴風法之所當止也自此以下皆言小周天火足當止

正陽老祖曰丹熟不須行火候更行火候必傷丹

火足而丹熟不用火矣故有止火之候遇止火之候一到即不須行火矣若再行火亦無益傷丹者丹熟則必可出鼎而換入别鼎若不取入别鼎則出無所歸不傷丹乎精化炁於炁穴炁化神於神室故曰别鼎

崔公曰受炁足防危凶火候足莫傷丹

炁足受補法而炁足亦宜防滿而溢之危險防者見止火之候而即止之則不傷丹而得防之功何爲滿而溢我亦不至有此老師曾囑曰當不用火必勿用你若用火不已丹之成者更無所加疑而怠慢但已滿之元精防其易溢而非真有溢也以其尚未超脱離此可溢之界耳此正可凡可聖之分路頭也

紫陽曰未煉還丹須速煉煉了還須知止足若也持盈未已心不免一朝受殆辱

未煉還丹之時一遇丹藥即當還煉用一周天之火藥生即採煉勿虚負藥生曰速煉採得藥歸而煉火候明白不差誠心勇心行之亦曰速煉如此藥也真火也真速煉必速成丹成火足必要知止而止若任丹成至足之炁持此盈滿未知止火而止終限於小成尚未脱生死輪迴之慾界知止火採得大藥金丹而超脱之則行向上轉神入定斯免生死之始

蕭了真曰切忌不須行火候不知止足必傾危

真陽曰老師曹還陽真人自云曾親見此事來故深爲我弟兄二人詳囑之同問師前煉丹時也知止火採得大藥衝關特未過耳今復爲之熟路舊事不異何得有此傾危老師曰當初李真人傳我時言藥火最秘最要者盡與你明之矣即可脩而成矣但關之前有五龍捧聖之法是至秘天機非天僊不能傳非天僊不能知非天下之可有非凡夫之敢聞待你百日工成止火採大藥時方與你言之及師迴師家我居我室相去日遠我猛心奮勇決烈爲之那怕僊不能成天不能上行之五十日而丹成止火採大藥而得藥自知轉上衝關而不透乃思採戰房術我所知甚多皆言過關若得一法試而透過也省得待師來遂將前邪門旁法所聞一一試用絕無可透始知邪門之法盡是欺人妄語而無實用者及年終師來我詳細訴於師師曰真好決烈僊佛種子真到此地你今所説見的內有此一景我未曾與你説得同於李老師所言你今真到即能言也可近來聽受捧聖之法我聞已亦即行之行不數日止火景到恨不即得之爲快即採之大藥不來火尚未甚足也如邱真人所謂金精不飛者是也再採再煉而止火之景又到疑之曰初得景到而止火採之而不得大藥且待其景到之多而止大藥必得矣至四而遇傾危之患我想尹清和真人云老師邱真人當止火時而長安都統設齋受食已而未及止火至晚走失三番謂之走

丹前功廢矣須重新再煉乃泣曰我自福小敢不勉哉奮勇爲之後即成天僊今我既在其轍敢不繼芳踪乎亦奮勇爲之又思我初煉精時得景而不知猛吃一驚而已及再静而景再至猛醒曰師言當止火也可惜當面錯過又静又至則知止火用採而即得矣是採在於三至也今而後當如之及後再煉不誤景初而止失之速不待景至四而止失之遲不速不遲之中而止火得藥衝關而點化陽神凡真脩聖真千辛萬苦萬萬般可憐煉成金丹豈可輕忽令至傾危哉凡聖關頭第一大事吾弟兄垂淚而詳述邱曹二真人之案爲七真派下後來聖真勸誡即此便是止火之候大有危險之所當知者學者不可以爲間言而忽之是你自已福力

此皆言丹成止火之候也

此一句是冲虚子之言總結上文此一段止火之説也從來世人學道者并不知有止火之候雖有前聖多言皆忽之而不究今特列類而詳言之

故陳致虚亦有云火候者侯其時之來候其火之至看其火之可發此火候也慎其火之時到此火候也察其火之無過不及此火候也明其火之老嫩温微此火候也若丹已成急去其火此亦候也

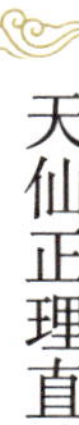

陳致虚前已言其妙非可一概而論中有逐節事條可不明辨之乎此又詳列其條以明申前旨學者最當參究

天僊九還丹火之秘候宜此若此數者煉精化炁之候備矣

此又是冲虚子總結前採取烹煉止火等旨百日關内事止此令學者知參究前聖之説此以下予故曰起之舍也句止又冲虚子自言百日關内之火候等秘機而總言之者

予故曰自知藥生而採取封固運火周天其中進退顛倒沐浴呼噓行住起止工法雖殊

此節同致虚逐節事件之説

真機至妙在乎一氣貫真炁而不失於二緒一神馭二炁而不少離於他見三百周天數猶有分餘象閏數一候玄妙機同於三百候方得炁歸一炁神定一神精住炁凝候足火止以爲入藥之基存神之舍也

此一段又冲虚子列言百日煉精用火細微條目而精言實悟之旨也葢小周天是煉精時火候之一總名也其中事理固多前聖固有各言其採藥是一候而封固又一候達摩亦只言二候採藥者并採封二

者而混言也又言四候别有妙用者乃小周天三百六十内之候也我今遵僊翁而二言之及周天時言進退候者若不似進退而亦虛擬之爲進退鉛汞丹法言進退者進則用火入爐退則不用火而離爐此實可據而易言或以加多爲進減少爲退亦可據而易言煉精者則不似此説我今亦只勉强而虛比不似以爲似意謂六陽時以乾用九數之多爲進六陰時以坤用六數減少爲退既在周天之内進陽火退陰符非多少爲言則不可若以用不用爲言則遠甚矣顛倒者除藥物配合顛倒不必言但言火候中之顛倒吕僊翁云大關節在顛倒初老師言六陽火專於進升而退後隨之而已六陰符專於退降而進又後隨之而已曰專者專以進升主於採取專以退降主於烹煉也曰後隨者順帶之義以其往來之不可無亦不可與專主并重用也此聖真秘機之顛倒也沐浴者子丑十二支次第之位凡世法有五行故内丹有五行之喻五行各有長生之位寅申巳亥是也火生於寅水生於申金生於巳木生於亥卯酉子午之位是沐浴之位故丹法活子時之火歷丑寅至卯所當行之火借沐浴之位而稱火工曰沐浴酉亦如之舉世愚人邪棍尚不知沐浴何以得名何由以知沐浴之義之用哉今此只略言捷要耳更詳於僊佛合宗語録中觀此者可自查語録以考其全機行住起止者行則僊佛二宗之喻也住則僊佛二宗之前喻也起則採封二候之後小周天候之所起也止則小周候足而止火也一氣者呼吸之氣貫串真炁自

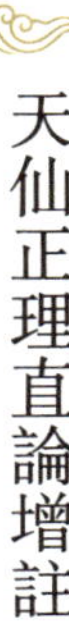

採至止不相離離則間斷復貫則二頭緒矣此由昏沉散亂之心所致甚則二三四緒皆無成之火矣戒之戒之固然以息氣串真炁必主宰用一神馭之而不離若内起一他見則離若外着一他見則離離則無候無火矣焉能炁足炁生三百六十度故曰一周天猶曰五度四分度之一所謂天度之分餘爲閏位者非耶知有閏則知天之實周矣能實周則炁易足丹易成而初生之藥亦易生矣玄機者不傳之秘機也火候一一皆要用此若不用此則火必不能如法呼吸則滯於真息而近凡夫之口鼻重濁而爲病不用此則神亦不能馭二炁而使之行住得其自然一息如是三百息亦皆如是方可得天然真火候之玄功此古聖真皆隱然微露而不敢明言者亦不敢全言者不如是雖曰已周天近於邪説之周天亦無用矣所以玄妙機三字又百日關煉精火候之樞紐也採封煉止等候俱不可少者於一炁之外弛欲界爲婬姤之精爲視聽言動成婬姤之助皆能復歸於一炁能真不動同於無情不動一神之動爲婬姤之神着視聽言動爲婬姤之助者不馳外而復歸一神能真入大定所得候足火止而基成如此永爲入藥之基址爲存神入定之宅舍此正所謂先取白金爲鼎器者是也

而道光薛真人乃有定息採真鉛之旨既得真鉛大藥服食正陽謂之抽鉛

大藥者即陽精化炁之金丹也果從何求而得亦從丹田炁穴中生出當未化炁之先所生也出丹田但

無形之炁微附外體爲形曹老師因後有大藥之名便稱此爲小藥之名以其炁小故也及煉成金丹既化炁之後所生也出丹田曰大藥實有形之真炁如火珠亦是從無而入有也黃帝曰赤水玄珠一曰真一之水曰真一之精曰真一之炁曰華池蓮華曰地涌金蓮曰天女獻花曰龍女獻珠曰地涌寶塔又曰刀圭曰黃芽曰真鉛如是等僊佛所説異名不過只一丹田中所生之真炁既成自有之形所以不附外形而唯生於内用於内亦我神覺之可知可見者及渡二橋過三關皆可知可見此所以爲脱生死之果從此便得其有真驗矣

即行火候煉神謂之添汞

此火候是大周天也添汞者心中之元神名曰汞凡人之神半動於晝而陽明半静於夜而陰昏昧陽如生陰如死脩士必以昏昧而陰者漸消去之故消一分陰令陽添一分去二分三分四分五分陰則添二分三分四分五分陽漸漸逐分掙到消盡十分陰添足十分陽謂之純陽純陽則無陰睡謂之胎全神全所以古人云分陽未盡則不死分陰未盡則不僊此皆添汞之説也然所謂添者必由於行大周天之火有火則能使元炁培養元神元神便不能離二炁而皆空皆定直至神陽果滿

若不添汞行火

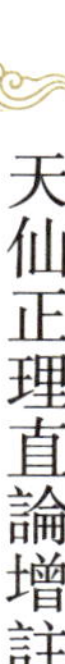

以神馭火神不陽明如何行得火添得神三分五分陽明方行得三分五分火故曰添汞行火唯神明則得二炁而培養元神助成長覺

則真炁斷而不生

正是不定而藥不生之說此時乃實證長生不死之初果矣

若不煉神則陽神不就終於屍解而已

煉神者煉去神之陰而至純陽全無陰睡火定炁定而神俱定俱空方是陽神成就煉神之法全由二炁靜定同之入滅但二炁少有些兒不如法則神不煉陽不純不成就不能出神但在十月之内不曾出定者俱是屍解之果何故但有凡夫之呼吸即有凡夫之生死人之生只有口鼻之氣以爲生最怕水火刀兵水入鼻而至内則無呼吸之竅身雖壞而神或不壞亦分解形神爲二火燒身則神無依住亦分解形神爲二刀兵截其頸呼吸斷神乃去形而分解爲二形既無則神不獨立亦不能久立再去投胎轉劫所謂屍解者有死生之道也不行大周天之過也二炁及神皆不入定之故也丹既成生既長安肯不入一大定哉後學聖真勉之

故九轉瓊丹論云又恐歇氣多時即滯神丹變化

此三句是冲虛子引足上五句之意自而道光至變化止十三句又冲虛子於此承上起下分判聖凡至要天機歇氣者歇周天火候之氣或得坎實來而點離中之陰勤勤點化離陰爲純陽若既得坎實而點離陰矣不即行大周天則坎實亦不勤生以點離或行大周天而不合其中之玄妙天機猶之不行也亦不能勤生坎實以點離陰便遲滯離陰之神爲純陽之變化神丹者即坎實曰金丹既點離則二炁漸化神二炁盡無獨有神之靈覺在故亦曰煉炁化神

純陽真人云從今別鼓沒弦琴

別鼓者另行大周天也明說與前小周天不同沒弦琴者無形聲之義然大小固不同行火者必先曉得清白而後可以言行火

紫陽曰大凡火候只此大周天一場大有危險者切不可以平日火候例視之也

上世只說周天未分大小紫陽言此大周天不可以平日者一例看則平日的便隱然言是小的平日者平常已行過的口氣不可一例看便是候不同言平日即是言百日事故僊翁又言始有作小周也後無爲大周也

廣成子曰丹灶河車休矻矻音恰

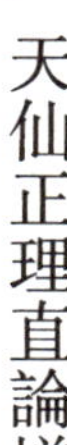

鶴胎龜息自綿綿

言不必用河車者是百日之事已過故不必用今當十月之工只用鶴胎龜息綿綿然之火也上清玉真胎息訣云吾以神爲車以氣爲馬終日御之而不倦前百日以陽精轉運稱河車此胎息時則轉神入定以神爲車以氣爲馬以御神車是喻煉炁以化神後聖亦須分辨着

白玉蟾曰心入虛無行火候

入虛無是神炁入定而不着相邱真人所説真空是也雖行大周天不見有大周天之相便得虛無之妙

范德昭曰内氣不出外氣不入非閉氣也

世人言閉氣者强制也强忍之不令出入邪法旁術皆是如此故僊道别有天機不與世同雖内不出外不入非强忍也有真息合自然之妙運者所以入定

白玉蟾又曰上品丹法無卦爻

世人見此説上品丹無卦爻便一概貶有卦爻者爲非不想自己不遇聖真傳道不知有爻無爻將何所用葢小周天者化炁是有卦爻小成之火大周天者化神是無卦爻大成之火以其化神故曰上品

彭鶴林曰若到丹成須沐浴

丹成是前金丹之成沐浴是大周天之喻言丹成不必用小既入十月之首必須用大周

正陽老祖真人曰一年沐浴防危險

伍真陽曰沐浴在小周天固爲喻今言於大周天亦爲喻在小周曰二時二月之喻此大周言一年之喻在小周可以小喻在大周可以大喻也防危險者防一定必有之危險也若僊機有出入則不定其沐浴若佛法不久住亦不定其沐浴沐浴最貴有定心防危險正防其心不定防其沐浴不如法

又曰不須行火候爐裏自温温

此言十月不必用有候之火當用温温然無候之火不寒不燥不有不無方是温温的真景象

王重陽真人老祖曰聖胎既凝養以文火安神定息任其自然

聖胎成於真精陽炁起初練精採取烹煉非武不能及聖胎既凝金精而成武則無用矣只用文火養之神息定而任自然正是養文火之功用

道光曰一年沐浴更防危十月調和須謹節

沐浴者無候之火即大周天也一年者大概而言之辭即十月之説凡説十月一年者入定到此時亦可得大定而出定故言之謹節者謹守沐浴之理也防危者防其離沐浴而外馳不定也若一年而得定之

後必時時在定年年劫劫俱在定又非止一年十月之説而已

陳虛白曰火須有候不須時些子機關我自知

有候者大周天之火無候之候也乃似有似無之妙不須時者不用十二時爲候故可入無爲些子機關是似沐浴而非沐浴常定而神常覺故曰我自知若不知則昏沉火冷而丹力遲矣

紫虛曰定意如如行火候

如如者如有不有如無不無定意於如有如無之候中方得大周天之真候方是真行

又曰看時似有覓時無

大周入定本入於虛無若徒然着無則落空矣故曰似有有而非有不空而空却似無方是真空真定

又曰不在呼噓并數息天然

有呼噓數息是言有爲者之事今既入定故曰不在有爲專任天然以證無爲

又曰守真一則息不往來

真一者在前練精時煉而所得真精曰真一此煉炁時乃真精之炁得真神用真息之氣守之三者合還神曰真一俱定不動則是息已無息焉有往來

古云火記六百篇篇篇相似採真鉛

昔參同契亦云火記六百篇篇篇相似却未説出採真鉛之妙旨此言似採真鉛則玄中又玄者盡於是矣採真鉛者薛道光所謂定息採真鉛是也篇篇相似總歸一大定

馬丹陽曰工夫常不間定息號靈胎

定息於空神即守息而爲胎神定無間斷神亦常覺無間斷而胎神始靈

石杏林曰不須行火候又恐損嬰兒

初入十月之關必用火侯煉炁成胎而化嬰兒之神嬰兒喻神之微也及胎成嬰兒亦成將出現於外之時則無用火矣若專用火是嬰兒未完成之事豈不有損於嬰兒乎

中和集曰守之即妄縱又成非非守非忘不收不縱勘這存存存的誰

大周入定化神似有似無似有即神炁之定似無是神炁在定而不見在定之相若曰守便着於有着有即起有之妄念縱之而不照則神氣離而非定之理但微有似存若二炁存則神亦存神存而二炁亦存俱存在定便俱虛無無上之妙境在是矣

鶴林曰及至打熬成一塊試問時人會不會不增不減何抽添無去無來何進退

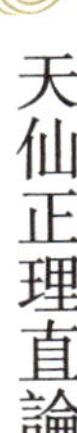

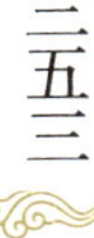

神炁合一俱定入一塊則無火矣不似百日火之有增減不增不減安有抽添息無去來何用進退此歸一而漸歸無之說也

我祖師張靜虚真人曰真候全非九六爻也非顛倒非進退機同沐浴又還非定空久定神通慧

真候者火候定而空矣不用小周之九六不同其顛倒進退沐浴等而唯定空久定久空神通慧照朗然獨耀同於世尊之入涅槃而滅盡定矣

邱長春真人曰息有一毫之不定命非已有

有息則有生死無息則生死盡矣必定息至無則命方爲我所自有自主張天地陰陽閻君則不能使我生死由我得無死之道也若一些息不盡定則命在息而不爲我有由我自己不能主張猶有可死之道也

此皆言煉炁化神十月養胎大周天之火候也

此又冲虚子總結上文衆聖真所言大周天火一段而言之也

予亦曰大周天之火不計爻象固非有作温温相續又非頑無初似不着有無終

則全歸大定切不可執火爲無以爲自無則落小解之果又不可住火於有以爲常行則失大定之歸將有還無一到真定則超脱出神飛升衝舉之道盡之矣

此予亦曰起盡之矣止又沖虛子自言大周天之旨又兼叮嚀勸誡者不算計爻象乃無爲之異於小周有溫溫非全無是大周初之似有似無之實理也大周之初正是一二三月之時曰似有者尚有有曰似無者未真無所以猶有些子凡火食性在由有些子息故也及至全歸大定息無而食性亦無所以金碧龍虎上經云自然之要先存後亡俞玉吾又註之曰先存神於炁穴而後與之相亡神自凝息自定是也然又當知火本欲歸於無若不知先似有之妙而遽執曰本無何必用似於有則必墮在全無而不能至真無落於屍解之小果矣又當知此火起於似有而求必歸於無若不知有非了手而遽住於有常行於有而不無則亦墮在全有何以得大定之歸饒經萬劫而不死終止於守屍鬼子亦爲屍解之類歸生死之途想當初煉精補炁費多少萬苦千辛始得脩證千萬劫不傳之秘而得傳以至於小成於此又安可惰忽其大成而不求必成哉我又囑之曰將有還無一到真大定而能常定於虛無之妙境則超脱出神飛升衝舉之道盡之矣此大周天之火所以爲成僊成佛了道之總要也我又以化炁化神而總言之前百日煉精化炁必用有爲之工是從無而入有即佛法中之所言萬法歸一之義也後十月煉炁化神必

從有息至無息是從有而入無即佛入四禪滅盡定也一歸於無之説也此僊佛二宗不易之秘法不可少之要機也冲虚子今爲後來聖真重宣明之以接引後聖印證僊傳并免後學執有候執無候之争立門户而妄疑之者

若此天機

自此句直至結尾句止又皆冲虚子總結火候全經之言再指煉神以後向上之秘機以爲後聖證

群僊直語

已前群僊皆有直言在世間而人不能悟

固非全露

從古至今言火候者甚衆并未全言或一句二句而已既不全後人如何用如何擬議所以世之凡夫妄猜唯有僊分者自有僊人來度耳

然散之則各言其略集之則序言其詳

我見散見於群書之言或略言採取烹煉之名而不言其理或略言採而不言封固或略言小周天而不言大或略言大周天而不言小或略言火候之名之理而不分言小大所當用之時其意若曰火候原屬

不輕傳之秘且説一件令參得此一件任他自已凑合成全去咦曾見幾人能凑合得成全耶而前劫後劫或聖或凡種子或真或僞學人總難致一擬議世逮於予籍父清廉盛德之所庇田園房店之可賣受盡萬苦千辛逐日奔求師家晝夜護師行道歷十九年而得全旨追思前劫或無所庇或無可賣未遇真師受萬苦故不免又生於今劫又憫後聖或有出於貧窮無父庇無産賣不能受萬苦焉能苦心奮志而求全有奮志於窘迫中者而志亦不能鋭所以予不可少此一集詳而次序之留俟奮志後聖而助其鋭志耳亦訴予苦志勤求者以勵後聖當苦志勤求後聖其自勉諸

完全火候不必盡出予之齒頰

出於我口齒者固是我之言我既集而序之即同是我言之出我口者

而此集出世則爲來劫萬真火經根本後來見者自能從斯了悟不復疑墮旁門

旁門者有相之火忍氣着相稱爲行火知此僊火自然之定則不復爲强制之邪火

而胎神自就陽神自出劫運自超矣

習定入定定成皆爲胎神出神超劫之所必用而必證果者故於此歷言所證

但於出神之後煉神還虚九年之妙雖非敢言而中和集曰九載三年常一定便

是神僊亦且言之矣

出陽神是初成神僊時即母腹中初生的孩子一般雖具人形尚未至具足之人形故喻神曰嬰兒幼小未成人須籍爺娘養育恩乃喻爲乳哺三年古人所言成就只一二年是也乳哺者神氣已定而又加定之意加至於常常在定而不必於出便似乳而又乳至於成大人一般神既老成若即行煉神還虛九年之功則此即爲九年内之煉數若有救世之願未完且不煉九年而權住世以救世及欲超世而上升虛無則必須從九年煉神而還虛矣

實非世學所能輕悟輕用者必俟了道之士以虛無實相而用之

了道之士是出定之神僊唯得定是得虛無之初基而後可至虛無之極致處方能悟此用此

第不可以一乘即得遂妄稱了當不行末後還虛

此言或有小根小器之人自以少得爲足不求還虛而終不能還於虛矣

則於神通境界畢竟住脚不得

神通在化神時神也通靈而無礙在還虛時神更通靈而無礙此言神通是言初得之神通尚未老成故曰住脚不得若住脚則止於神僊猶有還虛而至天僊者

後來者共勉之

豫章三教逸民邱長春真人門下第八派

邱真人門下宗派曰道德通玄静真常守太清一陽來復本合教永圓明此二十字爲派者乃真人在燕京東龍門山掌教時所立之派後人稱爲龍門派者便是

分符領節

遵上帝法旨所受之符節同佛祖之衣鉢宗主之帕

受道弟子冲虛子伍守陽書於旌陽識記千二百四十二年之明時萬歷乙卯春日云

集此答吉王太和之問最初發筆作此起

煉己直論第五

冲虛子曰諸聖真皆言最要先煉己謂煉者即古所謂苦行其當行之事曰煉

凡證道所當行之事或曰事易而生輕忽心或曰事難而生厭畏心如是不決烈事不能成金丹神丹必當勤苦心力密密行之方曰苦煉

熟行其當行之事曰煉

當行之事如採取烹煉周天等煉精煉炁等或行一時而歇一時二時或煉一日而間一日二日工夫間斷則生疎錯亂如何得熟工夫必純熟愈覺易行而無錯必時時日日皆如初起一時密密行之方爲熟煉

絕禁其不當爲之事亦曰煉

不當爲者即非道法而深有害於道法者如煉精時失於不當爲之思慮道以思慮爲之障而不可望成煉炁時息神不定而馳外向熟境亦障道而忘進悟深入當禁絕之而純心以爲煉

精進勵志而求其必成亦曰煉

道成於志堅而進脩不已不精進則怠惰不勵志則虛談然志者是人自己心所之向處心欲長生則必煉精向長生之路而行求必至長生而後已心欲成神通則必煉炁化神向神通路上而行求必得神通而後已此正所以爲煉也

割絕貪愛而不留餘愛亦曰煉

凡一切貪愛富貴名利妻子珍寶異物田宅割捨盡絕不留絲毫方名萬緣不挂若有一件掛心便入此

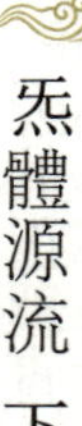

一件不入於道故必割而又割絕而又絕事與念割絕盡而後可稱真煉

禁止舊習而全不染習亦曰煉

凡世間一切事之已學者已知者已能者已行者皆曰舊習唯此習氣在心故能阻塞道氣必須頓然禁止不許絲毫染污道心所以古人云把舊習般般打破如此而後可稱真煉

己者即我静中之真性動中之真意爲元神之别名也

己與性意元神名雖四者實只心中之一靈性也其靈無極而機用亦無極出入無時生滅不歇或有時出令眼耳鼻舌身意耽入於色聲香味觸法之場而不知返或有時出而自起一色聲香味觸法之境牽連眼耳鼻舌身意而苦勞其形邱真入西游雪山而作西游記以明心曰心猿按其最有神通禪宗言獼猴跳六牕狀其輪轉不住其劣性難馴惟煉可制而後來聖真當以上文六種煉法總要先致誠意而煉之

然必先煉己者

李清庵云於平常一一境界打得破不爲物炫不被緣牽則末後境誘不得情緣牽他不得元始得道了身經云聲色不絕精炁不全萬緣不絕神不安寧

以吾心之真性本以主宰乎精炁者宰之順以生人由此性宰之逆以成聖亦由此性若不先爲勤煉熟境難忘

昔鍾離云易動者片心難伏者一意熟境者心意所常行之事也如婬事婬色婬聲婬念等正與煉精者相反相害一旦頓然要除未必即能净盡或可暫忘而不能久或可少忘而不能全焉能煉得精煉得炁必要先煉己者爲此故也

焉能超脱習染而復炁胎神哉

習染之念未除則習染之事必不能頓無必要以習染念與事俱脱净盡而後遇境不生烟火己方純炁可復歸神可静定而成胎矣

當未煉之先

未煉己之先也

每出萬般變幻而爲日用之神

平日婬殺盗妄心貪心善心惡心欺心等皆是變幻

猶且任精任炁外馳不住

任炁動而化精任精動而婬姤而不攝之令歸根復命由己不煉而不攝也

古云未煉還丹先煉性未脩大藥先脩心蓋爲此而言也

昔馬自然真人云煉藥先須學煉心對境無心是大還中和集云念慮絕則陰消幻緣空則魔滅張虛靖真人云欲得身中神不出莫向靈臺留一物皆同此

能煉之者因耳逐聲而用聽則煉之於不聞目逐色而用觀則煉之於不見神逐感而用交則煉之於不思

此三者皆真實煉法正釋上文割絕其所愛之説

平常日用必須如是先煉則已念伏降而性真純静

譚長真水云集云絲頭莫向靈臺掛内結靈丹管得僊重陽真人全真集云湛然不動昏昏默默無絲毫念想此定心由降而得

及至煉炁煉神則不被境物顛倒所誘

已有定力不從外境所誘

採藥而藥即得築基而基即成結胎而胎必脫方名復性之初而煉己之功得矣

有不得其先煉者當藥生之時不辨其爲時

百日之初煉精時貴有藥生藥生者元精之生也辨元精生時而用採法若婬精犯於婬念則邪法不可採者婬念未煉净者何以能辨元精

煉藥之候不終其爲候

煉藥有周天之候或驚恐或聞或思或昏沉以至火候不終者有之

藥將得或以己念而復失

元精還補元精將滿亦或有婬念未煉净乃復失爲婬精者有之故古人有走丹之喻者即此

神將出或以己念而復墮

心逐見聞覺知於外弛則是尚未得大定而有出入背却胎息經所謂不出不入自然常住之旨出馳着境同儒之物交物亦同禪人之説獼猴跳六牕内猴與外猴相見者如是如何能入定以完胎

欲其炁之清真己不純必不得其清真

採取先天炁之時唯煉己純者能辨清真則不失其清真若煉己不純一着思慮習氣則失清真矣

欲其神之静定己未煉必不得其静定

神能入定則得靜入得三分五分定便得三分五分靜十分定則得十分靜常定則常靜神靜定則炁亦皆靜定炁歸神爲一矣即是炁化神而成胎僊矣不煉己者必不能到此

或遇可喜而即喜或遇可懼而即懼或遇可疑而即疑或遇可信而即信皆未煉己之純也

此四者皆外來之天魔也遇而信之則着其所魔矣雖由此前未預爲煉己之過倘於此遇時即煉己遇如不有所遇魔即不如我何邱真人所以當過一番魔長福力一番是也倘於初一遇便不當過及道愈高魔愈多如何當得過吉王太和曾問魔有種種之多却如何知得當過冲虛子曰最易不怕他有萬樣奇惟我將神炁俱入定中任他多種魔來絕不能與我相遇矣

又有内本無而妄起一想念謂之内魔障或有生此而不知滅不知即滅者或有滅其所生而復生復滅者皆障道

耽遲大周天之候也

必煉己者而後能生滅滅己

生而即滅滅而至於無可滅

又有外本無而偶有一見一聞謂之不宜有之外魔障

上文喜懼疑信四種俱屬此見聞之内

或用見用聞與之應對而不即遠離者亦障道

一有應對則着魔爲魔所轉矣故障道

必先煉己者而後能無見無聞

能煉己者即具不睹不聞之本體即有不睹不聞之實效

此己之所以不可不先煉也昔有一人

即山東姓張者

坐中見承塵板上一人跳下立於前沒入於地

坐中者在圜中坐時也見者心不定於神室而外馳偶有此一見也若心在定則亦何以見此

復從地涌出立於前見其神通變化而認爲身外身

誤信常人之言曰神僊出了陽神便身外有身然本性與虛空同體本無形身若起一念要顯有身便能

有身不可以見外爲我身

不識爲身外之天魔

吉王太和問彼既不識今老師及昔二真人是何法識得冲虛子曰我本性在定得到定力足而後有可出定之景到由我自性升遷於天門念起而出猶是虛空無體乃六通爲用無所障礙若非我念所出而有見者便是外來之天魔邪魔若出神之景未到則神通未足不能變化雖欲顯身而不能有身豈可以無我念之身而認爲我哉神通足者世尊謂之四神足

即爲魔所誘動出圜而遠叩邱祖祖曰見者不可認

不宜出而妄出雖有妄見斬退猶恐不速何敢認爲我不宜出者未成定之先求其入定而不可得又何敢妄出而終於不入不成耶此所以不可認也

乃不知信

由於無僊師真傳故不能以信法語

又謁郝祖

郝與邱本同師度則同道同知識矣既不信邱何必見郝

祖曰邱哥說者便是惜乎猶不知信不復更居圜中而廢前功矣此亦己未煉純

之證也昔邱祖坐於崖下崖石墜壓折肋知是天魔祖不爲之動如是當過五番不動一念直證陽神出現見山河大地如在掌中

昔世尊坐於菩提樹下魔王波旬領百萬魔衆以兵戈恐佛而不動以魔女婬事誘佛而不動坐至金剛牢固自言我終不起離於此座昔費長房師事壺公隨壺公入山脩道壺公以朽索懸大石於座之上又令巨蛇嚙索將斷而費全不驚不動者皆是

此得煉己性定之顯案也并書以勵同志

築基直論第六

冲虛子曰脩僊而始曰築基築者漸漸積累增益之義基者脩煉陽神之本根安神定息之處所也基必先築者蓋謂陽神即元神之所成就純全而顯靈者常依精炁而爲用

神原屬陰精炁原屬陽依真陽精炁則爲陽神成就純陽不依精炁則不能成陽神止爲陰神而已

精炁旺則神亦旺而法力大精氣耗則神亦耗而弱此理之所以如是也欲得元神長住而長靈覺亦必精炁長住而長爲有基也自基未築之先元神逐境外馳

如見色境在外則必起婬念

則元炁散元精敗基愈壞矣所以不足爲基且精之逐於交感年深歲久戀戀愛根一旦欲令不漏而且還炁得乎此無基也炁之散於呼吸息出息入勤勤無已一旦欲令不息而且化神得乎此無基也神之擾於思慮時遞刻遷茫茫接物一旦欲令長定而且還虛得乎此無基也

此三段是申明上文基已壞者而不足以爲基之説

古人皆言以精煉精以炁煉炁以神煉神者正欲爲此用也是以必用精炁神三寶合煉精補其精炁補其炁神補其神築而成基唯能合一則成基不能合一則精炁神不能長旺而基即不可成及基築成精則固矣炁則還矣永爲堅固不壞之基而長生不死

玄綱論云道能自無而生有豈不能使有同於無乎有同於無則有不滅矣

證人僊之果矣

爲出欲界升色界之基者以此爲十月神定之基者以此爲九十月不昏睡者有

此基也十月不飲食不寒暑者有此基也十月神不外馳而得入大定者有此基也所以煉氣而氣即定歷百千萬億劫而絕無呼吸一息煉神而神即虛歷百千萬億劫而不昏迷一睡亦不散亂一馳與天地同其壽量者基此與聖真齊其神通靈應者基此此所謂陽神之有基者基成由於陽精無漏而名漏盡通不然無基者即無漏盡通矣雖證入神通不過陰靈之性五通之果

五通者是陰神之神通也若陽神則有六通多漏盡通也六通者天眼通天耳通神境通宿命通他心通漏盡通此一通爲陽神之所多餘五通陰神同

宅舍難固

陽精無漏則身長生不死爲金剛堅固宅舍可永劫不壞若有漏之軀有必死之道身不堅固也

不免於死此而生於彼若有秘授躲横生而擇堅形者猶且易姓改名虛負今生矣陰神何益哉陽神之基可不亟築之哉可不急究之哉世有以婬姤敗基者反誑人曰採補築基欺騙愚夫共爲婬樂一遇婬媾而精無不損者炁無不耗者神無不蕩者基愈滅矣直誤至於死而後知彼婬邪術假之悖正道可不戒之哉

此篇正文重重自相申解已詳不必再生註意

煉藥直論第七

沖虛子曰僊道以精炁神三元爲正藥

元精元炁元神曰三元皆先天也

以煉三合一喻名煉藥

昔谷神子云道以至神爲本以至精爲藥以衝和爲用以無爲爲治長生久視之道成矣若不如此即非金液大還丹之法

其理最精微其法最秘密昔鍾離曾十試於吕祖邱祖受百難於重陽我伍子切問二十載於曹還陽

逢師於萬歷癸巳年三月受全道於壬子年三月間以癸壬計之二十年也我當初每自恨福力之薄不蒙師一速度今而後始知侍教久者入道精不然何以能高出萬世耶予又按白玉蟾云十年侍真馭白又云説刀圭於癸酉七月之夕盡吐露於乙亥春雨之天又當知天機非邂逅可談

方纔有得是以世之茫然學道者及偶然漫談者皆不知何者是真藥而何法爲

真煉徒然空説向自己身心中而求實不知有至静之真時眞機也夫至静之真時者是此身心静極即所喻亥之末子之初也陰静極必有陽動

静屬陰動屬陽陽極則陰静陰極則陽動

則炁固有循環真機自然復動此正先天無形元炁將動而爲先天無形之元精時也即此先天無形之精便名藥物既有藥炁生機必有先天得藥之覺

即時至神知之説亦即我神炁同動之説也

即以覺靈爲煉藥之主以衝和爲煉藥之用

覺靈者妙覺靈心也衝和者烹煉薰蒸之和氣也此正三家之初相見也亦三華之所聚者

則用起火之候以採之

因有藥生而起火即活用子時起火曰活子時藥生與火生同時故以火之活子時而稱藥亦曰活子時

達摩云二候採牟尼言採藥用二候也四候别神功言沐浴用四候也同此

須辨藥之老嫩採之嫩則炁微而不靈不結丹也

人人都説藥生要辨老嫩若嫩則炁微配合之則無半斤八兩之炁何以成一斤故不靈

採之老則氣散而不靈亦不結丹也

老者只是過於當採之時當採而未採則氣以久而虛散皆由心生怠惰而至此氣既散則力亦微配合不均不能成丹故亦曰不靈

得藥之真

不老不嫩如九二利見者曰藥真非初九之勿用亦非上九之有悔

既採歸爐則用行火之候以煉之

行小周天之火也

藥未歸爐而先行火

昔呂真人戒之云無藥而先行胎息强留在腹或積冷氣而成病顧與弢庠友問既知採藥何故又不歸爐衡曰傳正道知真採故可必得歸爐又要行火合於候之妙方得藥歸爐若火生早了是名火小不及不名冲和冲和者和而冲也古人有喻者曰如浴之方起而暖氣融融然火既小而不及邱真人已言曰則金精不飛是也焉能得藥歸爐悟道真脩者必先從我此答精思之則知直至末後皆是如此

藥竟外耗而非爲我有

藥尚未入鼎中而妄行火即所謂鼎内若無真種子猶將水火煮空鐺之説

不成大藥藥已歸爐而未即行火則真炁斷而不續亦不成大藥

藥在外由火以採之而歸爐亦由火烹煉之方在爐中成變化已得藥歸爐火斷而不行則真炁亦斷而不住及再行火雖周一天終與前不續藥亦不續如何能成大藥即參同契註所云外火雖動而行内符不應則天魂地魄不相交接是也

若肫肫然加意於火則偏着執於火而藥消耗

執着用心於火則着有相而急躁近於外道之存想有爲非自然之天機妙用

若悠悠然不知有火則迷散

行火之時若心不誠則不靈或昏迷十二之時或迷失刻漏之數或忘沐浴之候或不知以何數周於天或周已而猶不止皆是

失於火而藥亦消

火不能留藥焉得不消即神不留炁之喻

皆不成大藥

以上皆言孤陰寡陽偏有偏無之危險也

若火間斷而工不常雖藥將成而復壞

火所以煉藥古云火藥一處居行火之法愈久而愈密愈密而愈精斯則必成大藥必得服食或有時神逐見聞婬念馳於外而着魔則神離火火離藥工不常矣藥如何得成雖將成猶有退散之危險

若久執行火而不知止足雖藥已成而亦壞

火足矣即成大藥因藥成而言足也藥既成則不必用火安得不止藥已成者成之而生爲服食之大藥於此即採而藥不復壞爲後天有形之精不止火不採則大藥必隨生機而將妄行欲歸之聖路無奈不止火不採而無由以受欲歸之凡路竟趨爲後天有形之精不難矣後聖當知此爲至要至秘所當防之危險也

皆不得服食

必火足而藥始成藥已成而必知止候方有大藥可採方可服食不然必不得藥成服食

後世聖真脩此必使神氣相均相合火藥適宜以呼吸之氣

即火也

乘真炁爲動静

即藥也

以真炁之動静定真息之根基

真炁歸静於根則真息亦定於根二炁合一於根以爲胎神之基也

則火藥既不着於一偏又無强執縱失之患如此而煉方得小周天之妙理方成長生之大藥始名外金丹成也

馬丹陽云因燒丹藥火炎下故使黄河水逆流玉芝書云玄黄若也無交姤怎得陽從坎下飛是也

祖祖真真服食飛昇之至寶乃最上上之玄機最宜參悟而精脩者也

此論備陳煉藥時之危險令後聖知防慮於此不至當面錯過而不知也神僊所言金丹服食者是腎中所得金液之氣配元神合煉所成服食之則能神通變化若方外之士言服食者不過妄以金石草木誑人曰煉服食斷不可爲以誤大志縱服食之或有疾宜於金石藥者而偶致愈或無疾而中毒成大患必不能超出三界而顯神通也

得此真藥服食自可進脩行大周天之火候以煉炁化神煉炁而息定化神而胎

圓陽神昇遷於天門而出現神僊之事得矣中關十月之事完矣其後面壁還虛九年一定以神僊而頓悟性於無極形神俱妙總煉成一個不壞清虛聖身皆由煉藥合僊機而得成丹成神者之所至也故凡大脩行上關大成事必如此則畢矣於此畢法中始於百日煉藥而成服食者無量壽之地僊也

地僊者地上所行之僊身形重濁未離故不能離於地而升虛無之天也人僊雖長生亦同於地僊重形尚在故亦不能離人與地也

中而十月煉成脫胎出陽神之果者超出陰陽之神僊也

神僊者離重濁之形以無形之神變化或有或無皆由一神之妙用故曰神僊

終而九年面壁煉成還虛之果者超出盡天地劫運之天僊也

初得神僊乃得大定而出定者但得定由於守中而出定則居泥丸故世尊已入滅而亦入於泥丸是也至此後還虛則又入定於泥丸古人云性在泥丸命在臍蓋言了脩命之事在臍了脩性之事在泥丸也泥丸之定則非從前者比九年一定者特以始入之時而略之或百年千年萬年一劫百千萬劫皆可入爲一定此正天僊佛之超劫運者

有僊緣者遇此天僊正理直論其亦齋心以識之

伏氣直論第八

冲虛子曰人之生死大關只一氣也

有氣則生無氣則死此首以人之所共知者言令人易明生死

聖凡之分只一伏氣也

氣能伏定則聖不能伏定則凡此首以人之皆能者言令人易學於入聖超凡也

而是伏義

而者轉文助語

乃爲藏伏而亦爲降伏

藏伏者深藏歸伏於元气之根降伏者管攝嚴密不許馳於外此二者亦有防危慮險之意

唯能伏氣則精可返而復還爲先天之炁神可凝而復還爲先天之神所以煉精者欲以調此氣而伏也

煉精小周天調其息而伏爲其不能頓伏故用漸法調而伏達摩祖師顯宗論亦言似此意

所以煉神者欲以息此氣而伏也

煉神大周天胎息其息而伏爲其不能頓息於無故亦用漸法胎息其息似有而無乃至於無有無無而伏於寂靜

始終向上之工只爲伏此一口氣耳所以必伏而始終皆伏者是何故蓋當未生此身之時就二炁初結之基在丹田隱然藏伏爲氣根久伏於靜則動而生呼吸是知由靜伏而後生呼吸之氣以成人道者曰順生也而是逆脩曰成僊者當必由呼吸之氣而返還藏伏爲靜此氣伏伏氣之逆順理也及呼吸出於口鼻而專爲口鼻之用

呼吸至於口鼻則落生死之塗矣離口鼻則離生死

真炁發散於外遂至滯損此氣則爲病耗竭此氣則爲死蓋不知伏爲所以復之故

伏者欲將呼吸還復歸於炁穴而爲不呼不吸之故也必此氣伏於炁穴而後元炁能歸元神能凝三者皆伏於炁穴也

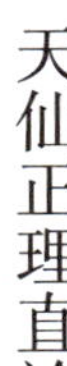

而亦不知行其所以伏

行所以伏者言有至妙至秘之天機呼吸合於天然者爲真元炁得合當生當採之時者爲真元神合虛極静篤者爲真三者皆真而後得所伏之理行之而必成不然則亦世之外道而已

安保其能久生而超生死於浩浩劫之外耶

三者不真則非所以伏之理故不能超過浩劫之運

有等妄言伏氣者而不知伏氣真機

真機者有元炁元神而呼吸正合天然自在方爲真

終日把息調而口鼻之呼吸尤甚

調息者調其内用之玄機如橐天籥地徐停息之説世之愚人不聞天機只把口鼻數調如隔靴搔癢焉能調得到無息

痴心執閉息而腹中之逼塞難容

閉息者靈寳畢法書亦言之是言不通其息出入之門也雖無門却有安頓自然之妙理非强制之爲閉也强制則不真故無成真禪家與真僊道略同若痴禪人之假禪亦與痴道人之假道同學者不可不察

禪宗人有一等假禪者曰呑聲忍氣曰氣急殺人皆言忍住氣而不出入此是病非禪也强制則念是動的不是静何以爲禪禪字解作静字若是自然真静方爲真禪

哀哉此妄人之爲也安見其氣之伏而静定也昔邱祖云息有一毫之不定命非己有

息得呼吸絶則生死之路絶息有呼吸不定故不免生死

而伏氣之要正脩士實用所以證道之工也但此天機之妙絶與世法不同古人托名調息者

世人之息一呼一吸均平無用調矣僊道託名調息者非世法之用乃調其有而至無無而至有爲其以神馭氣行之必住住之必行在乎行住之間而調之也

隨順往來之理而不執滯往來之形欲合乎似無之呼吸也

當有往來不强使之無而唯隨順之似心息相依之説亦不强執害其自然而爲勉强

託名閉息者

世之言閉是勉强不合自然僊家言閉只託言閉之名而非用彼强閉之實故范德昭曰内不出外不入

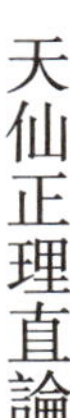

非閉氣也我故曰託名者略似閉氣而實非閉氣也

而内則空空如太虚無物

空如太虚是真虚無則真息便可歸於真無真禪理亦似之若上文所言内不空而逼塞者是强閉者外道邪法旁門之類皆然

欲合於無極中之静伏也

無極者無一炁之始及後太極則有一炁之始一判則爲天地今言無極乃言天地及一炁之未有之先即爲父母尚未有之先正是虚極静篤景象妙悟必至如此爲真静伏

總之爲化炁化神之秘機古人云長生須伏氣故自周天而歷時日年劫惟伏此氣

言有一小周天之所伏有一大周天之所伏一日之所伏一年一劫之所伏或暫或久而能成其一伏者真有道之士也

此氣大定則不見其從何而伏始亦不見其從何而伏終無始無終亘萬古而無一息與神俱虚俱静斯謂之形神俱妙之静也

世尊能以一法說八千劫而後已能以一定坐八萬四千劫而後出定是其形神俱妙與僊同者

唯聞天僊正道者方能識得此理唯有三寶全功者

三寶者元神元炁元精若一寶非元則不爲寶屬於後天者無用亦不得爲全功

方能行及此工

此工者即上內如太虛證入無極静定者言若三寶會合煉成化炁而後可行大定常定工夫若未化炁則亦無用此爲

有大志聖真請究之而實悟之

胎息直論第九

冲虛子曰古胎息經云胎從伏氣中結炁從有胎中息斯言爲過去未來諸神僊天僊之要法也

男子身中本無胎而欲結一胎必要有因則因伏氣於丹田炁穴中而結胎是胎從伏炁中而結也元炁静而必動欲得元炁不動必要有藏伏因有胎即藏伏之所乃息而不動是炁從有胎中而息也胎因愈伏氣而愈長氣因愈長胎而愈伏共脩成一個圓滿胎神斯所以爲神僊天僊之要法非此抑將何以成

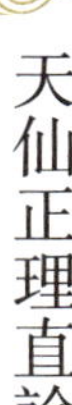

之然胎息與伏氣本是一事何分兩論只爲懷胎養神必用胎息而後成胎而神住胎古人皆以胎息言之今亦詳言於煉炁化神時也伏氣之説爲伏氣而得精還化炁煉藥以得大藥古人只言伏氣今亦從之言伏氣雖兩言之中則互明其理令人知兩言之妙而不妄疑妄執其爲兩

予願再詳譯而直論之夫人身初時只二炁合一爲虛空中之炁而已無胎也亦無息也

此言無胎無息起下文返還成僊之所證

因母呼吸而長爲胎因胎而長爲息

脩僊者亦必因呼吸而長爲胎因胎而長爲胎息

及至胎全妙在隨母呼吸而爲呼吸所以終日呼吸而不逼悶此緣不由口鼻呼吸只臍相通故能似無氣息一般此正真胎息景也

古人謂内氣不出外氣不久非閉氣也之説正言由臍相通者

離胎而息即斷

在胎中則我之息由母臍中所生故我息亦在臍而口鼻不可呼吸離胎則口鼻開竅可以呼吸順而易

矣當此時且不知胎息安得復能胎息

無母臍與子臍相通不得不向自身口鼻起呼吸即與胎中呼吸同而暫異其竅耳逆脩返還之理安得不以我今呼吸之息而返還爲胎中息耶凡返還呼吸時以口鼻呼吸之氣而復歸於胎息之所

即丹田之所許旌陽云臍間元炁結成丹谷神不死因胎息長生門户要綿綿元始得道了身經云中宫胎息爲黄婆抱樸子曰得胎息者能不以鼻口呼吸如在胞胎之中則道成矣以鴻毛着鼻口上而毛不動爲候也

如處胎息之時漸漸煉至胎息亦真無真無者滅息盡之義也

謂胎中之息亦真無之此正禪宗人所謂萬法歸一一歸無之説

方是未生時而返還於未有息未有胎已前之境界不落生死之途者矣

凡人有呼吸則有生死無了呼吸即無生死

所以得如此者亦非驀然無所憑依配合便以呼吸歸中而可胎息者

呼吸之炁最難制伏必有元炁相依方可相定而成胎息然胎息何以知其成也以呼吸歸於胎息則口

鼻無呼吸而成胎息是其真成也終不復至口鼻爲呼吸真禪定者亦似此若凡夫外道不知元炁者爲何單以呼吸歸於中而妄曰入定胎息其息不能定住於胎所雖忍氣而氣無所容乃曰氣急殺人而終不能强忍口鼻之氣更呼吸浩浩皆由悖却世尊所謂無生法忍者之所爲也世之假道人假禪人皆如此此亦後學聖真之所當辨而自防危險者也

所謂孤陰不成者此亦其一也

呼吸之氣乃後天有形之陰物故亦如此言之

必要有先天炁機發動之時又有元靈獨覺及呼吸相依三寶會合已先煉成大藥者而轉歸黃庭結胎之所於此之時

此時者是當此結胎之時因文上句皆言先所化炁而至此始言胎息之意也此正申明必要煉精化炁以炁助胎以神主胎以呼吸結胎方成真胎息

而後以胎息養胎神得神炁乘胎息之氣在中一定

神炁與胎息相乘方是有配合的脩真胎息之工所以能成真胎息得真定若無真炁便不是金剛不壞之身坐中只是昏沉瞌睡如何能長覺長明以長馭氣入大定成胎乎有間斷即非胎息

即是結胎之始正入藥鏡所謂初結胎看本命而得者

本命者二气也元炁爲生身命之本呼吸氣爲生身命之具

而結胎之初必要本命二炁隨神之號令同凝於中而爲真胎者也

雖似有微微呼吸若在臍輪而若不在臍輪在虛空正度人經所謂元始懸一粒寶珠去地五丈如世尊之前地涌之寶塔在虛空中等語皆是也皆用運旋真息以漸至成胎頓然絶離口鼻不存呼吸滅却有作恰然處胎相似而胎中之息始雖似有而終絶無即是真胎息所以成陽神者

若無大藥真氣服食若非三家相見必不能胎真息而神真純陽者也

如是而久久無間斷綿綿密密無時無刻而不是在胎中無息之景直證陽神大定絶無動静起滅即是胎圓乃返還到如母胎初結一炁未成我而未分精炁與神之時正入藥鏡所謂終脱胎看四正而得者

看四正者驗四正功夫之有無也有則胎尚未圓以其有乃養胎之工也無則曰滅盡定而陽神成就矣

胎息還神固日畢矣

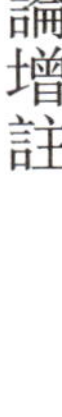

胎事畢滅盡定佛亦滅盡定入涅槃故其經云若於佛事不周不入涅槃佛事周訖方入涅槃

畢其十月中關之事神僊之證也猶有向上田煉神還虚而證天僊者在所必當知故遷神於上田而出天門以陽神之顯見者倏出而倏入何也當前之十月之內而或有出者是不宜出之出也由六根之爲魔而妄出

陽純則無魔陰盡則無魔陰將盡而未盡甚爲魔者要除陰盡是要除魔盡也

妄出則神走而着魔境而息亦走着於口鼻必急入則依於息而歸胎

此一段又再詳指示人以十月内之所當防此危險者

此時之出是當出而出也

昔監養素胎成當出而不知出故劉海蟾寄書與之指示所出之法

故起一出念而出陽神於天門

天門者傳道集所言指頂門也古人於此贊之曰身外有身是也

若出之久恐神迷失而錯念

古云十步百步切宜照顧

故即入上田而依於虛無之定所以神既出胎喻同人生之幼小須三年哺乳者以定爲乳哺也又言九載三年一定者言出定之初時而入定以完成還虛之天僊也證到至虛至無即證天僊矣然是定也入定時多而出定時少又宜出之勤而入之速也我故日出定之初即爲入定之始也雖天僊已證亦無不定之時也故世尊亦日虛空界盡我此脩行終無有盡正如此也至於終天地之後超過劫運亦無不定之時也此猶僊佛以上無僊無佛之妙境而天僊佛之至者也後來聖真共知之共證之

此書稿成於天啟壬戌歲實欲藏之爲門下學者便心目不意被人盜去但儒者竊取僊書愛慕之心勝可恠又可惜也由駱友而失駱故想像而梓不無疎略今崇禎己卯秋查舊稿加註賢道友復梓之以廣度人流行於天地之終皆所願也故附識之

天僊正理直論九章畢

直論起由

予作天僊正理直論僅僅九章完全畫出一個天僊樣子令有緣有志者見爲頓悟

有志者不遇此書亦是無緣於道遇此而不參悟亦是無緣於道又或有遇之而無真學之心唯圖詐僞欺世者亦當改惡從善而歸正道

非敢日輕泄天機妄擬無罪只爲度盡衆生爲自度計者於是冒干天譴而直論亦緣我老祖師張静虚真人得道後日今日四大部洲全無半個人兒知道今當廣開教門奉此僊旨故也

張真人法派名静虚常携虎皮爲座故當時皆稱虎皮張初與三友尋訪僊道夜半見白毫光於西而衝天次日西行夜宿又見日又趨之二友去而獨行獨見得光處在蜀之碧陽洞也入見僊師而求度甚切師遂授之道命之脩數年成而始命出曰今日四大部洲絶無半個人兒知道你與我廣開教門張翁遂行按四大部洲者東勝神洲西牛賀洲南贍部洲北衢盧洲佛經所説者是也張僊翁遂出西域轉北夷

還中國見二大洲已無人矣實起度人之念止度得李虛庵一人而已

歷十五年間再傳而遞言於予

十五年間者張真人於萬歷己卯年度李虛庵至壬午年復至李家助李銀爲行道之資李真人於萬歷丁亥受曹還陽請至其家曹與三友各具贄六金助道不足戊子曹三友又助師三十金而脩成證果矣曹真人於萬歷癸巳與伍子遇甲午年夏五月度伍子計之己卯至癸巳十五年也至壬子又十九年曹復度伍子僊佛合宗全旨以出三界之上者并傳以助道之方囑之曰此元史所載邱真人助國之方也唯默記之倘護道要用則用之否則閑置之可也勿爲世間作孽取大罪也予之十九年中苦志苦行或亦少仿佛於長春祖之苦志者得全大道敢不如命戒之哉

予初若爲駭聞

駭世之學道者多豈真無半個人兒知道

而久之真見同世斯人不同聞斯道

得師度之後遍考僊聖之書聖聖同此一道也同此脩成正果也差毫髮尚曰不成豈可有不同者乎每考問於全真侶不過只知御女採戰及却一病小工爲詭求衣食之計者與僊道之保精保炁胎神之理

者不同聞考問於禪宗人不過曰當下便空以降魔轉劫僅爲死後生人道之説與佛法空而不空之真空超劫之妙法不同聞又考在家俗士之學道者求假做黄白成富貴求房術久戰遂婬樂并無學道之實而志不同又考在家俗士之學佛者妄自尊而誑人曰曾參學手抱非忉利身觸悖天王口稱者當下就了只就了得一席婬媾何曾聞佛法可了而聞實不同世界劫壞如此安容得不直論而一救之耶又安容不直論留爲後世聖真作正知見耶

故作此以指引後來凡我

邱祖門下符節正傳弟子得師口訣凡藥生内景

時至則神知爲内景藥炁馳外則外别有景

採藥真工

即達摩祖師所謂二候得牟尼者

行火工

小周天之候即達摩祖師所謂四候别神功

止火景

詳後僊佛合宗語録中

採大藥工

自古聖真所不輕傳此以前得百日煉精化炁之真法行得全功只成精滿炁足之凡夫知此而用得大藥方得長生此先聖所以必俟百日功成者而後言之

得大藥景

有六種震動之景也丹田火熾兩腎湯煎眼吐金光耳後風生胸後鷲鳴身涌鼻搐六根因其滅識皆有景驗

三關工

即名五龍捧聖者從此超凡以入聖乃聖聖不輕傳之秘法天機世間之所不知不聞者必俟百日功成者而後言之

服食工

度過鵲橋而下重樓喻曰服食非如飲食様之食

守中理

即大周天之初古云守似有却如無不有不無故喻之曰守中又聞胎息本在臍而若不着於臍養神本養中田之神又若不離於下田總若合二田成一虛空境界故亦喻之曰守中正秘密天機有不得顯言者

出神景出神收神法煉神還虛理

此守出收還等五者皆詳後僊佛合宗語録中

歷歷秘授

歷授者次第盡傳上文十二句之秘法乃正傳之所必有而後聖真脩之所當必受者

聞人世所不知

聞者言後聖得遇聖師而有所聞者人世者彼後聖同世之人也彼人所知皆世法中旁邪小術唯聖所聞皆彼不知正與直論中十二句秘法同

見凡書所不載

見凡世前書已載者皆古聖大略之言也不載者精切秘密天機舊不載於書而今得聞於聖師正與直論十二句皆同則師言可篤信奉行直論可憑稽考要知非遇僊者無真聞見非遇僊者不能措一言爲

直論

當下工脩煉時更以直論相印師言

古聖之書每言一句又秘却二句三句何以得全印證欲求全證又要搜索多書此貧者之愈難唯此直論兼註又後有僊佛合宗語録及門仁賢問答之要以詳直論註脚盡露全旨則後聖得此一書足以全印可無餘恨矣

得了然無疑無礙直證天僊唯我作書助道之一願也後來聖真未及得正傳者尤當從斯入悟究其逐節工景違合

凡有所聞即徵諸此書合則正違則邪作人天眼目者唯此書

心則不爲妖人邪説所惑矣

凡一切邪説旁門皆與此書相違悖

如有真志精脩不參此論是自絕於僊佛正道者也竊謂此論而行邪行以誑世者

如昔一光棍專以房術欺騙人者乃借言曰鉛汞不在身中取已明明説破愚按棍賊此言謂鉛汞不在

自身是女人身上取的鉛汞者喻陰陽豈有陰陽二者俱在女身上取之言而可惑人取信乎猶且言之咦

天律王章共誅之

此書本代天僊救世代佛破邪盡是表明天上梵德至道之言有天目共視天耳共聽天律共護若有邪人假借正言行彼邪説天有霹靂伐其性命王有典刑滅其身形

并揭禁誓書末以爲誦書者知誡

天僊正理直論註釋正文終

後跋

冲虛子跋云道爲天僊之秘機

天僊之道唯天僊知之行之凡夫去天之遠何以得遇唯不可遇雖曰不秘而亦是秘若有得遇知其道者必要體天僊之心行天僊之德而後可成天僊之道

凡夫之罕見

爲今之凡夫者前雖有善而或有小功不足以得道故難遇若能從今起念學道時全具善心力行善事絕其從前間有不善者則道之罕見者猶可望見也

或百劫百年一傳於世

如唐開元時之純陽翁始度王重陽於宋徽欽時如六祖慧能止衣缽不傳而後竟無傳法之七祖者

或片言數語密度於人

如鐘呂二僊度燕國宰相劉海蟾以卵壘爲山而不崩墮劉曰危哉鐘呂曰汝宰相之位更危於此劉弃相從之而僊去如虎皮座張真人以嘉靖帝强請之不起罪邳州守請曼及三年而後至京延及徂落而不復命還至六安州召廬江縣李虛庵而度之令三誦三背其言三日而别李竟成真縣及鄰封皆稱肉身菩薩然張祖不肯見帝而度乃召李而度之此亦張祖密度之案也如佛欲度迦葉分恒河水爲兩斷而佛行其中之無水處葉以舟救佛佛從舟底穿入而舟底無孔葉猶曰幻也佛曰汝未成不生死阿羅漢何能如此貢高我慢葉驚服自不知所以不死而歸依之是也

三口不談六耳不聞

三人則三口六耳也其中或願學小成於人僊者或願學中成於神僊者或願學大成於天僊者所願者

則重之而喜聞所不願者則輕之而厭聽或德止足以授小而分不宜聞中大二成故不同談不同聞也如許旌陽吴猛二人許爲旌陽縣令吴爲分寧縣令也同謁丹陽之諶母元君母獨傳許以道法謂吴德行尚未充後當拜於許授如世尊單傳迦葉爲初祖而以堂弟阿難未能離欲令轉拜葉傳爲二祖俱是舊案也

不經紙筆

僊道乃天上人之所有亦天上人之所用正上僊口不談之秘鬼神覷不破之機所以不載筆於紙

何敢淺其説直其論而諄諄然數萬言爲鑴哉此大罪也

大道本不敢輕一字於非人之前何敢淺説其精深直論其秘密令善惡賢否正人非人一概混見之耶但視世間無不可救化之人倘有不從正而改邪者是必從地獄餓鬼畜生三惡道出而初世爲人而惡心猶在故也雖直論之彼只見如不見而已矣何嫌其混見

曾見世人截然向道而竟無覓處

截然者截斷世法塵勞决志學道滿目是萬法千門竟不見何者爲僊道不知向何處覓僊道此甚可憐

舉世多人談道而悉墮旁門

徧世界談道所聞所知全在婬邪窠臼中初學不能辨邪正遇之焉不墮入此又甚可耻

謂道不在世而人必誤陷於邪者也有

僊道原只藴藏於僊胸中世何得有一切諸人不遇僊度皆只在世而學焉能外世見而求世外之見畢竟誤陷於邪矣

謂人心自邪不求聞道而規正者也有

心邪之人唯邪法是喜口稱是學僊之黨者只願學房術御女謂婬姤有如是快樂是我所學之有證而僊道高遠或者即此所致我何必捨此快樂而別求僊樂爲哉故不求聞也自稱是學佛之黨者造斷見之邪説而惑人不知已爲佛之所斥自謂有了此一口高談捷語足取衣食名譽何必效佛所脩而六年禪坐以自苦故不求聞也予在金陵所以絕不屑與人談僊佛見彼諸俗人談僊者皆志於房術御女及却病小工而即指爲僊道不務脩德脩道故不必與爲謀也見彼衆生談佛法者皆妄將佛説爲行教無用之虛言將已談斷見作佛法不求如何如佛八千劫説一會法華經方已不求如何得如佛八萬四千劫坐一定方起必執斷常邪見直趨死亡爲了生死或學躲一輪迴爲自足而且不能得又不能承當正法竟如石馬雖打不走全似木牛拽鼻不迴謂之下愚不移何足救化何足與言所以只尊僊佛正法爲

我自悟師而已矣我又爲有相知者憫而淺説勸之佛昔云人相竪畜相横世之俗夫每以横相妄談佛法語人曰我知佛我是佛此亦妄人也已矣甘爲横相又何難焉今而後談佛者請先改汝横相爲竪相且遵佛説别作商量庶免空勞妄談虚度一世

借令百劫百年生一聖真將何入悟

言此論若不出世倘有真脩者不知如何脩僊不知如何脩佛故無趨向處亦不知學何者爲學行何者爲行

所以得聖真於學者必由此論

及有此直論并僊佛合宗語録出世若有一人精究此論及録便見得此人是有志於此者與論合志即爲學此道之聖真不究者則其志不學此終於凡夫輪轉而已

得聖真於師者亦必由此論

誦詩讀書而尚論古人者固有人誦此論而尋覓論此之人者亦有人未誦此論而尋覓已誦此論者亦必有人能覓此人豈不得遇此人而得遇此道故曰求師必由於明此論所以張紫陽真人作悟真篇以訪友果得石杏林爲之徒其勝於奔走四大部訪師友者不萬萬分便益哉

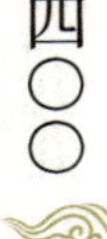

故鍾離云吾之求人甚於人之求我

古云弟子尋師易師尋弟子難蓋弟子以初學之無知故不知所遇之人有道無道而拜之故易師之有道者嚴奉天誡必選擇同德同志祖父善門一不全不足非弟子故尋之難昔鍾離往九江府德化縣度縣宰吕純陽又鐘吕往甘河鎮度宋徽欽時領兵校尉王重陽又鐘吕往燕國度丞相劉海蟾又虎皮座張真人行至六安州馬神廟召廬江縣之李虚庵而度之又昔世尊往榆羅厥叉國度迦葉者皆是師急於求人之案

人不及於求我我不及於求人

世界如許大學者相隔如許遠誰知我而求抑誰知我而能求由我非方外之士游遍四方者亦非如所謂唐朝吕洞賓至今猶在尋人度者亦非如世尊自謂行化時至乃行而化之至度一萬八千九十四國人者不過隱處一小小道隱齋而已不及求人所以亦不得爲聖真學者之所遇

乃以一筆救天下後世迷

唯成書可以代面命雖遍天下儘後世凡有見者皆可救其迷惑

然而迷自軒轅氏御女保生之術一倡

軒轅者君天下者忌嗣子之少故用後宮之多婬妬之多必不可不節慾後世學者豈可以節慾之人事而遂誤指爲長生不死神通之僊道乎

而真偽争途四千餘年矣

僊道是出世間法真也御女術是在世間法而非僊偽也本不同者凡學僊聖真既有大志有聖德必不可學御女以招天誅凡學御女者輕縱婬樂壞女子之身喪女子之耻志極卑污敗僊佛根基種子天律嚴密又豈容於談道

真者幸有天降真傳而作僊佛

漢之張道陵葛玄僊翁寇謙之子吉皆太上降下而傳北漢時之鍾離正陽乃東華帝君之降傳唐之純陽吕翁乃鍾離之降傳宋之王重陽燕之劉海蟾乃鐘吕二真之降傳世尊佛乃阿私陀僊之降傳故法華經佛云昔者僊人授佛妙法如來因之遂致成佛是也所以伍子言非僊不能度僊非佛不能度佛此亦破迷之一説也

偽者自愈熾説徧天下而迷人

熾説者建立各種門户曰三峯採戰者曰小採補者大採補者曰童男童女開關補氣者曰對爐者曰入

爐者不入爐者千種婬穢無耻以之爲世事用尚甚可耻又安可妄誑人曰道乎所以道隱齋評之曰常見犬猿與陰者聚則撫弄其二物豈可以衣冠人物有禮義廉恥者而如之乎又評之曰蠢動如蚊蛾虱類人共見其不學而能相姤豈有不蠢如人反不如之而學人爲姤乎以速死喪命之事而愚弄人曰接命不死其迷於自愚又迷於邪説之誑如此予請諸人破迷改過且自安生保見在之福

以此大迷之世而論説之宜直宜淺其可少乎哉洩論説之功豈不大哉

泄萬古聖真密旨天機書之偏與凡夫言固有罪矣但後來聖真得明道於論説之所洩豈不是此莫大之功乎

然洩道未必無幹於天罪敢望曰天不之罪而故意冒干之耶即此一點破家學道慈心救世之爲功抑可贖罪哉得悟於天下後世劫獨超出大迷而爲聖爲真者又可無此洩道功之報哉

後來聖真得明正道於論説不被邪説坑陷而竟成聖成真亦當報今洩道之功

見此者幸毋謂我一見是書已盡見其道見之固易而生易見之心靡不亦自輕易視其性命

書成道之初迹耳道之精真者曰理道之實行者曰事理可以書求事未可盡以書行必要真誠參師學道凡未得師者以此書考尋正門爲引進即此以爲引進師也已得師傳者以此書印證是否而爲信受奉行此即是印證師也若不求真師救度專向書文上誦章句偶見一斑妄稱全豹愚謂只可言悟書不可言悟性悟道由懷易見之心不識爲難遇難聞之天寶則其輕易視性命而喪失者將必不免矣

毋謂我一見書便見此道實可易行正遂我畏難之心即此易行而易行之自執善悟不求師而按圖索駿焉能了悟到至玄至妙之真實處而脩證性命

書固載道正欲使人明道而淺直之古云得訣歸來好看書若先得真師真訣則見書真可盡見道真知易行若謂不必求師道已了然盡見易行古云差毫髮不成丹恐難悟透亦不免依然失性命也古云性由自悟或可因書命要師傳必經口耳則信之真而行之勇此我今所望於後聖後真也故又誡之曰毋輕忽爲易

尤毋謂盜此爲説言可應世理可驚人足以師任之於己以徒視乎其人有此誑人之心爲障爲礙耻於低頭實學竟不自悟自脩自證而亦不免於失性命

有等人不真實參師學道唯見此書一遍念幾句誑人曰我盡得傳某人道矣我今足爲諸人之師諸人

只可爲我之徒言至於此即楞嚴經所云未得謂得是爲入魔故必害己德而墮爲魔民昨有一人即如此誠之説見此未註舊稿偏語人曰我全得某人所傳僊道之妙斯言也非贊揚實貶詞也一則以忽僊道之爲易一則以增己學之爲博不謂染指吞海曰海盡吞矣而可乎以芥殼量海曰海盡量矣而可乎作是言者可謂無正心無大志又一人在金陵婬惡無度冒稱爲我虎皮張真人門下人不知張門先戒絕婬事婬念爲初功彼何必自投清净門討個擯斥爲哉

於是三者能不肯犯

即上三條誠詞也

誠心參悟即直論以究僊理徵直論以印師傳真脩實悟證聖證真斯不負我染筆時一字一泣

當論時欲不直奈何今世正道已盡絕恐無益於救正不得不爲僊佛宣明正法欲直論天則有譴而不敢言終必直之而冒譴故一泣我自癸巳至壬子二十年參師護師賣田舍破家計苦心苦行而得悟後之參師者未必能得年之久未必有可賣可破之家而可得故一泣人以一見論而即知我以多年苦而輕洩我以自苦代人之苦我以所賣所破代人之以賣以破故一泣又或有人或有可費之資而不學真

僊道者徒費耳雖費而不求明如何脩命得命之證如何脩性得性之證泛然無着者徒費耳雖費而不苦心志苦功行以求必悟必成者徒費耳故一泣我又爲衆言此以勸誡之

爲終天地劫運之聖真直而論

泣而論者既爲參難洩易而割捨天機又爲世界既絕僊佛正道愈傳愈假我獨得悟又焉敢不爲僊佛正道留一線之真耶令世世聖真得所考據而爲師資矣

將流行於天地之終而度盡僊佛種子爲聖爲真成僊成佛之心也歟

今世皆好房術婬慾而僊佛正道則絕盡婬慾心反正道雖見之亦不能救正間或有從救而不足必成書流行以終天地則盡未來之僊佛皆得普度是我繼諸僊翁救世度人立三千功行爲自脩而已矣即純陽翁所謂度盡衆生世尊佛及地藏菩薩亦謂度盡衆生言自利利人之果唯如是而後圓滿

天僊正理直論增註後跋終

七日採大藥天機[六二]

太和作禮曲膝問曰直論中所謂七日口授天機採其大藥未審大藥何以必須採於七日也伍子曰陽光三現之時純陽真炁已凝聚於鼎中但隱而不出耳必用七日採工始見鼎中火珠呈象衹内動内生不復外馳故名真鉛内藥又名金液還丹又名金丹大藥異名雖多衹一真陽即七日來復之義也問曰採大藥天機求老師垂慈詳訓答曰以初採言之其呼吸之火自能内運任火自運絕不着意於火亦不馳意於火方合玄妙機之火也此時用火尤當入定而單用眸光之功時以日間用雙眸之光專視中田夜同用雙眸之光守留不怠如是以採之大藥自生陰符經所謂機在目者此也問曰天機已明但採之而採之所以得生之

六二 明·伍沖虛著。校對版本：河南人民出版社1987年版《道藏》影印本《伍柳僊宗·僊佛合宗·七日採大藥天機第五》《道藏輯要·畢集·伍真人丹道九篇·七日採大藥天機第五》。

理尚求教益答曰採之而所以得生之理有四説焉蓋以交姤而後生勾引而後生静定而後生息定而後生問曰何謂交姤而後生答曰心中元神屬無形之火腎中元炁屬無形之水心中無形之火神因眸光專視而得凝於上則腎中無形之水炁自然熏蒸上騰與元神交姤而無上下之間隔矣無形之水火既以交姤於上則久積純陽之光自然團成大藥如火珠之形發露於下矣如天地氤氳萬物化生者然蓋無形能生有形自然之理也古云玄黄若也無交姤怎得陽從坎下飛即此義也問曰何謂勾引而後生答曰雙眸之光乃神中真意之所寄眸光之所至真意至焉真意屬土乃中宫之黄婆黄婆即勾引媒妁也黄婆勾引於上則大藥自相隨而出現於下矣古云中宫胎息號黄婆即此義也問曰何謂静定而後生答曰元神因眸光專視歸凝上之本位而得定機則元炁亦歸凝於下之本位而得定機神炁俱得定機由是元炁成形因定而生動衹動於内生於内矣古云採真鉛於不動之中又云不定而陽不生即此義也問曰何謂息定而後生答曰此是後天自運之火亦因神炁之定機而有所歸依自然伏定於炁根而無

上下之運行矣真息一定大藥自生真息不定大藥必不生矣古云息定採真鉛即此義也此四説者皆以眸光爲招攝故其至意乃爾也昔本宗丘祖相傳一偈云金丹大藥不難求日視中田夜守留水火自交無上下一團生意在雙眸旨哉此偈也須知大藥生時六根先自震動只知丹田火熾兩腎湯煎眼吐金光耳後風生腦後鷲鳴身涌鼻搐之類皆得藥之景也大率採藥至於三四日間真定未定之時得藥六景即次第而現若採藥至於五六日間則真意一定則大藥已生矣故七日之期亦大概而言之耳佛宗云天女獻花又云龍女獻珠合此宗矣

七日採大藥天機終

張紫陽八脉經[六三]

冲脉在腦後任脉在臍前督脉在臍後帶脉在腹陰蹻在囊下陽蹻在尾閭（上三節）陰蹻在頂前（一寸三分）陽蹻在頂後（一寸三分）人有八脉俱屬陰神閉而不開惟神僊以陽氣冲開故能得道採陽氣惟在陰蹻爲先陰蹻一脉散在丹經其名頗多曰牝門死户曰歸根竅復命關曰酆都野死生根有神主之名曰桃康上通泥丸下透涌泉真氣聚散皆從此關竅尻脉周流一身貫通和炁上朝陽長陰消水中火發雪裏花開天根月窟閑來往三十六宫都是春得之者身體康强容顔返壯在坤地尾閭之前膀胱之後小腸之下靈龜之上此乃天地逐日生炁之根産鉛之地也醫家不知有此

潛虚翁又論調息法云凡調息以引息者只要凝神入炁穴神在炁穴中默住陰

六三　清·柳華陽著。校對版本：河南人民出版社1987年版《道藏》影印本《伍柳僊宗·慧命經·張紫陽八脉經第十五》。

蹻不交而自交不接而自接所謂隔體神交理最詳古僊已言之確矣

張三丰真人云調息不難心神一靜隨息自然我只守其自然加以神光下照即調息也調息者調度陰蹻之息與吾心中之氣相會於神凝氣穴之中也

潛虛翁三論調息法云今夫水與水合火與火合風與風合雲與雲合常理也調息者以氣合氣何待强爲只要凝神入氣穴神光下照陰蹻脉不期而會者一氣之感通自然而然也

張紫陽八脉經終

李涵虛真人後天串述六四

予著道德黄庭大洞無根諸註皆言先天之用而非初學法門也夫行遠自邇登高自卑若不明後天次序譬諸世上功名未舉茂才孝廉空想進士翰林也因作後天串述一篇爲入德之門也

一收心　二尋氣　三凝神　四展竅　五開關　六築基　七得藥　八結丹　九煉己

太上有言貴以賤爲本高以下爲基後天滋補賤下之道也賤也者師所謂説着醜也下也者經所謂下而取也培養丹基純以精氣爲寶其行功法也先要收心入内以中爲極以和爲則以神爲體以意爲用尋氣以陰蹻爲先中是活活潑潑不見不聞之處和是專氣致柔抱神以静之功定中生慧坐照如如媾元神而生

六四　清·柳華陽著。校對版本：河南人民出版社1987年版《道藏》影印本《伍柳僊宗·慧命經·李涵虛真人後天串述第十九》。

元炁展竅開關不難也元精者陰蹻一脉逐日生人之元炁也學人采取元精必尋炁之活動處而以静合之此謂之神氣交則男女媾精真種化生真種者後天鼎之真氣後天鼎者即元神元炁交合之所也一名靈父靈母此氣從鼎中煉出即宜凝其神柔其意以柔制剛自然入我内鼎和之調之煆之煉之潛伏於丹田之中呼吸乎虚無之内是名命蒂又號胎息忽然而内鼎之間冲出一物跳跳躍躍噓噓噴噴直由衝脉上至心府即展竅時俟其冲突有力時乃變神爲意也引出尾閭一撞三關飛上泥丸即開關也關竅既開乃行養己之功而談築基之道築基者采彼炁血補我精神精神雖壯又恐動摇於是以壬鉛制之壬鉛者二炁媾而生者也原夫坎宫之氣地氣也離宫之气天氣也天地交合之時混混沌沌絪絪緼緼結爲虚無窟子虚無窟子旋産一氣即以此炁爲壬鉛此得藥時也鉛之體有炁無質以故清而上浮至崑崙時要以目光上視神炁相息於頂中凝住一時陽極陰生始以舌倒抵上腭鼻息要匀抵腭久之乃有美津降下寒泉滴滴雖不甚多然一點下重樓以意送回黄庭却又奇怪發聲如淵湃一般始知大士

甘露原不可多得也降入黄庭結爲内丹以後則在欲絶欲在塵出塵對境忘情煉鉛伏汞趕退三尸五賊銷磨六欲七情骨氣俱是金精肌膚皆成玉質蓋又是煉己功純方有此效未可越等而至也

李涵虚真人後天串述終

正道禪機直論六五

華陽曰佛道性命喻龍虎龍虎喻動靜動靜喻禪機何喻之雜也且人從禀受無非性命而已另外又有何物哉人若成乎道者先將保守性命之藏處别名曰龍虎龍虎之行住又曰動靜動則爲機靜則爲禪千名萬喻不出性命除此性命兩物都是誆哄愚夫之進門耳**古佛曰不識性命則大道無所成**千門萬户費盡心機實不知性命或脩性或脩命亦無所成**佛祖祖莫不由此性命而爲之脩煉也**且自古成道者未有不脩性命而得證果矣**夫既曰性命而又曰禪機者何也**心靜者爲禪也腎動者爲機也**且人從禀受性命原是一團**蓋人受胎之時父母二炁合成一炁一點靈光之性即在其中古人所謂三家和合有其身真不謬也**及其生也分而爲二者矣**且人之生時囫地一聲性分於心命分於腎二物所隔八寸四分至老莫能相會矣**當其節至體旺之時**人到十五六歲丹田之炁自動**而慧命之元寶**

六五　清・柳華陽著。校對版本：河南人民出版社 1987 年版《道藏》影印本《伍柳僊宗・慧命經・正道禪機直論第十二》。

元者即所受先天之炁也**即有變化拱關向外之機者在焉**蓋先天炁之隱於丹田後天足時則先天炁自動動而不脩拱開陽關則變爲後天有形之漏盡精矣**不令其順出趁此之機**機者在内有景在外者外腎動也**回光返照凝意入於北海則元寶亦隨意之還於北海矣**寂無老師云凝神收入於此竅之中則炁隨神往自然歸於此竅矣又世尊云心目所在**故謂之和合凝集**以心合腎謂之凝也**因其有變化之順逆者**順者元精亦爲漏盡逆者元炁亦爲物也**故曰機也**機者動也**若不曰機則人不知慧命所動之至寶**夫命者元炁也炁動雖不泄漏則亦外耗耗盡嗚呼脩煉者不令其外耗收藏於内則成其道也生人亦是此炁故曰至寶矣**以兀坐頑空**如今之禪門不知慧命攝心死坐謂道謬矣**迷却性命配合之真機**不知性命凝合空自磨磚作鏡有何益矣**且落於枯寂將以何者爲真種哉**不知和合凝集之法則無真種產生之景矣**及其機之息也默照渾然故曰禪矣**且機息者命不動陽不起故曰機息機既息矣迴光靜照無事無爲故曰禪也**時至忽然而動又曰機矣**蓋時者非天時之時乃真種產生之時也能知前所用之法自有真種產之時也**急當采取**收回於本宮不收則錯過矣**圓通謂之盜著**盜者取也**起闔闢之消息**闔闢者内外之呼吸也消息者元關之機耳**運**

法輪之元機此即真種通任督之道路呼吸催逼故曰法輪元機也**真種靈寶當歸根深藏**藏於下丹田之所矣**古人謂之返本復命也**運行又歸於命之原竅矣**然取得此種來**由法輪之機如意**斯謂之舍利**舍利是命得性煉成謂之舍利矣**去其有爲之功**去其風吹運行之法**用其無爲之法**以迴光返照**靜默而寂照之又曰禪矣**此乃採舍利之功有七日之照也**斯謂之心目所在**在者心目在於舍利之處**且牟尼之珠成**團成一個**形如硃砂光似雪**裹面紅放光則白也**融似湯煎味如蜜**丹田融暖口中如蜜**活活潑潑流通而出焉又曰機矣**出者出爐也**不驚不疑**以意定靜**待而動取**伺候動而同行**實謂之妙法善取之方也**除此之法再無別法可取所謂柔能制剛**迅此動機**動者珠動也**徐徐穿過三三之鐵關**蓋徐徐者不前不後前則謂之導引傍門後則謂之存想外道故必相依而同行三三者背骨之竅左右有孔從中而直上矣**斯謂之超凡入聖**煉舍利在臍下既成舍利必要超脫離出幻境不超終有所患也**牟尼之寶珠即歸中央**心下腎上**柔守而定照之又曰禪矣**常以温養**禪定之中融融無爲之樂也**一團太和之天理似醉如熏佛曰禪定之中三昧也**且無爲之中忽有爲焉又曰機矣**太空中一點甘露**夫既曰無爲而又曰機何也若不曰機則人不**

知有此妙物孤守於胎囊不知大道天人有相助之機也順此機之妙物收附於胎中以意逆至於中宮寂照而長定之又曰禪矣依然温養斯謂之生滅滅已二炁永定矣夫寂定之中一物超然而出又曰機矣從丹田而來有華而無形懸於太空稍稍而待之又曰禪矣二三息之間隨而出焉又曰機矣亦從丹田而來有華而無形與前物相合收而藏之用秘密天機法收於胎中寂照柔而默守又曰禪矣無事於無爲常寂而常覺寂照柔默之中二物從涌泉而出又曰機矣有二道純陽之物從涌泉直升於頂降於中宮矣取而靜定又曰禪矣鼻無出氣六脉俱寧斯謂之寂滅也從無出入之迹且寂滅之定久紛紛白雪滿空又曰機矣斯時出定之辨機乃是真景不令其遲阻速以出之若夫滯於胎中缺少神通之變化又是一愚夫矣即當而出之從頂而出斯謂之超出三界寧而待之離凡身一二尺候之又曰禪矣一片金光來懸於當空又曰機矣收而入之定而又定又曰禪矣久久長定形神俱化而禪機之説從此畢矣上下萬古禪機從此今則盡漏泄矣余願學佛者休誤入於邪師外道口頭之禪機認爲真機則非禪機矣

正道禪機直論終

短摘匯宗

伍沖虛子自序

伍沖虛子自序曰昔曹老師語我云僊道簡易只神炁二者而已

脩僊者必用精炁神三寶此言只神炁二者以精在炁中精炁本是一故也一神一炁即一陰一陽六六

予於是知所以長生者以炁

炁者先天炁即腎中真陽之精也人從此炁以得生亦脩此炁而長生唯用脩而得長其生故稱脩命陳希夷所以云留得陽精決定長生是也

所以神通者以神

神者元神即元性爲煉金丹之主人脩行人能以神馭炁及以神入炁穴神炁不相隔礙則謂之内神通能以神大定純陽而出定變化無窮謂之外神通皆神之能事故神通即馭炁之神所顯

六六　米晶子註：離者，神也。坎者，真炁也。一神一炁，即一陰一陽。

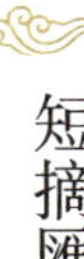

此語人人易曉第先聖惓惓托喻顯道

托喻者以神喻姹女喻離女喻婦喻妻喻我喻汞喻砂也以元炁喻嬰兒喻坎男喻夫喻彼喻金喻鉛也喻雖多不過心腎中之二物六七

有爲無爲

大藏之教有權法有實法有無爲法有有爲法豈可一概論之無爲者是養道胎面壁後半之法有爲者即凝集和合脩慧命前半之法有憑有據乃先天意炁之妙用非世間之有爲矣六八 六九

六七　摘自《伍柳僊宗・天僊正理・冲虚子自序》。

六八　摘自《伍柳僊宗・慧命經・集説慧命經第九》。

六九　米晶子註：有爲者，乃先天意炁之妙用，非世間之有爲矣。

大藥服食

道光薛真人乃有定息采真鉛之旨既得真鉛大藥服食正陽謂之抽鉛

大藥者即陽精化炁之金丹也果從何求而得亦從丹田炁穴中生出當未化炁之先所生也出丹田但無形之炁微附外體爲形

曹老師因後有大藥之名便稱此爲小藥之名以其炁小故也及煉成金丹既化炁之後所生也出丹田曰大藥實有形之真炁如火珠亦是從無而入有也黄帝曰赤水玄珠一曰真一之水曰真一之精曰真一之炁曰華池蓮華曰地涌金蓮曰天女獻花曰龍女獻珠曰地涌寳塔又曰刀圭曰黄芽曰真鉛如是等僊佛所説異名不過只一丹田中所生之真炁既成自有之形所以不附外形而唯生于内用于内亦我神覺之可知可見者及渡二橋過三關皆可知可見此所以爲脱生死之果從此便得其有真驗矣七〇

煉己直論

己者即我静中之真性動中之真意爲元神之别名也

七〇　摘自《伍柳僊宗·天僊正理·火候經第四》。

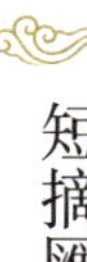

己與性意元神名雖四者實只心中之一靈性也其靈無極而機用亦無極出入無時生滅不歇[七一]

成道初迹

書成道之初迹耳道之精真者曰理道之實行者曰事理[七二]

天心真意

丘祖偈云金丹中上斡天罡何患阻橋又阻關一意不生神不動六根不動引循環旨哉此偈也蓋夫天罡居天之正中一名中黃星一名天心一名斗柄在天爲天心在人爲真意大藥憑真意之轉旋而升降猶天輪藉天心之斡運而循環皆一理也

過關正功其行住之機惟在順其自然爲要也佛宗云未有常行而不住亦未有

七一　摘自《伍柳僊宗·天僊正理·煉己直論第五》。

七二　摘自《伍柳僊宗·天僊正理·後跋》。

常住而不行合此宗矣七三

集説慧命

華陽曰成佛作祖是本性靈光不得慧命漏盡不能了道直入如來之太空

蓋本性靈光者其名雖二源頭則一也在定則謂之性定中慧照則謂之光矣慧命者乃如來當初所取以示人之名也是西方之梵語中華曰人之本源儒謂之先天炁也是脩佛之舟梯作祖之權柄即孟子所謂善養浩然之炁者是也漏盡者即世尊以示阿難所脩之名也亦是西方之梵語中華曰走漏儒謂之走精醫謂之泄元炁而漏盡即慧命之所化當其未動之先本是命也七四

北斗藏身

圓通禪師曰北斗裏藏身

七三　摘自《伍柳僊宗・僊佛合宗・大藥過關服食天機第六》。

七四　摘自《伍柳僊宗・慧命經・集説慧命經第九》。

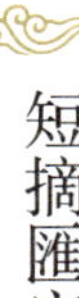

北斗即上文龍宫是也藏身即前文凝集是也祖師教人常將我之真念藏于北斗則心自空命自固矣故傳大士云心空及第歸是也

寂無禪師曰凝神收入此竅之中則炁隨神往自然歸于此處

且寂無得如來達摩之全旨慧命之嫡傳故能隱顯莫測變化無窮雍正年間屢在太邑化陽身數十家家有箇寂無談笑飲食隱則無踪或與人金銀美女或顯虎獰水火從學之徒凡心欲念無不消焉蓋凝者移也竅者即丹田也亦曰爐矣此表炁之所發當用功之時也蓋炁之動附于外形而出若任其出將何爲道本哉所以祖師示人此時速凝神入于丹田炁得神之翕收則炁亦歸矣且此炁者又非呼吸之氣乃先天之炁也即孟子所謂浩然之炁者矣此炁自我釋教諸得道之宗師不肯泄漏盡是譬喻外物使人自悟有明白者然後密付故曰教外别傳炁之别名釋教曰柱杖曰錫杖曰禪那曰摘蘆曰白雪曰金蓮曰散果曰洞水曰海水曰明星曰西江水曰曹溪水曰水牯牛曰海底燈曰爐中火曰牟尼珠曰海底泥牛曰海底明珠曰海底開花曰爐中香烟曰事曰物衆名紛紛不可勝計究其實事無非此一炁也

故黄葉禪師參求六祖得道脩煉功圓之時自嘆惜曰道無非炁也此一言泄盡天機矣[七五][七六]

性命動静

命者根于腎腎動則水也命者即元炁也炁動即變爲水矣**性者根于心心動則火也**性者乃真意也意動即變爲火矣**以火入于水中**以心中之意入于腎中之炁**則慧命而不外耗**炁得意協住則不外馳矣

世尊所謂入三昧火中而降火龍者即此矣此道釋門之秘也有志之士得者如法煆煉用之得力慾不用除而自除心不用静而自静所謂以道制心而心自道是道也能用之久者天機忽然發動無中生有即名真種矣

難脩難成者盡是外道如果有緣得此道者至簡至易所謂八十遇正道即成道矣[七七]

七五　米晶子註：道之真形，無非炁也。

七六　摘自《伍柳僊宗·慧命經·集説慧命經第九》。

七七　摘自《伍柳僊宗·慧命經·正道脩煉直論第十》。

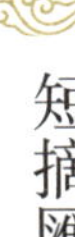

正道功夫

華陽曰下功之時處於靜室靜室者不近閑人之所恐來攪我之靜也**身如槁木**坐則忘形**心似寒灰**靜則忘心**以靈光爲用**回光返照**并性命而同宮**以性入于命宮**是謂道之首也**此言脩性而命即在其中故曰首[七八]

天機者元炁動謂天機[七九]

大道

大道在性命之內[八〇]**累搜佛祖之秘密**且秘密者即性命也自搜性命足受道矣[八一]

古人謂降龍伏虎何爲龍虎答曰龍即心中之靈念也虎即炁海中之暖信也若

七八　摘自《伍柳僊宗·慧命經·正道工夫直論第十一》。

七九　米晶子抄本。

八〇　摘自《伍柳僊宗·慧命經·決疑第十四》。

八一　摘自《伍柳僊宗·慧命經·雜類說第十三》。

要龍虎降伏先以龍宿虎窟後以虎歸龍穴乃自然降伏矣[82]

止火

冲虛真人曰有止火之景

此乃止火之時採大藥之候也須求真師口授方能出爐若無真傳不知採取之法不知採取之時故景不得矣得真傳知採法景到又不可不知也若傍門認取眼光靜坐慧光千百種光則錯之甚矣若前此不知坎離交媾之法丹田則無藥而外腎亦不能如馬陰藏之形縱有外光發現此非丹田之苗也蓋屬想妄而發矣若真能成馬陰藏形者自有异常之景故純陽祖師云曲江上月華瑩净又翠虛篇云西南路上月華明大藥還從此處生俞玉吾云西南屬坤坤爲腹藥生於丹田之時陽炁上達麗於目而有光故自目至臍一路皆虛白晃耀如月華之明也

守陽真人曰且待其景到之多而止大藥必得矣又曰初煉精時得景而不知猛吃一驚而已乃再靜而景再至猛醒曰師言當止火也可惜當面錯過又靜又至

八二　摘自《伍柳僊宗·慧命經·決疑第十四》。

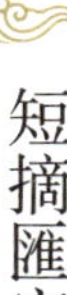

則知止火用採而即得矣是採在于三至也今而後當如之及後再煉不誤景初而止失之速若待景至四而止失之遲不速不遲之中而止火得藥冲關而點化陽神凡有真脩僊真者千辛萬苦萬萬般可憐煉成金丹豈可輕忽致令傾危哉八三

八三 摘自《伍柳僊宗·金僊證論·風火經第六》。

金丹之道

調藥煉精成金丹圖

若問金丹消息路

眞妙訣

發火周天原此穴

調藥法

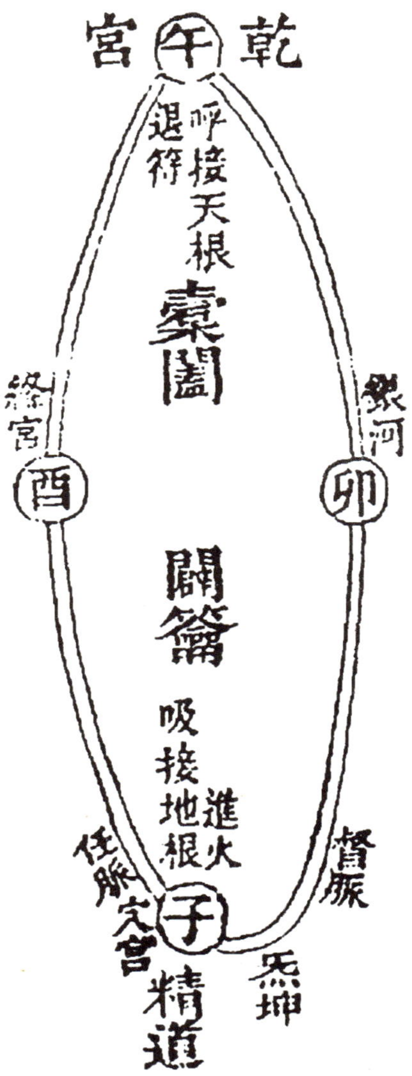

了然明

教君道裏覓根由

煉精所

運行沐浴又歸根

金丹之道前八篇已盡之矣尚恐學者不知竅妙故備此圖以補全書之要訣願有志者一覽無疑不爲舊圖所惑庶知陽生在此調藥在此鼓巽風在此藥産在此採取在此歸爐在此駕河車在此還本復位在此金丹造化之元功莫不在此矣[八四]然竅本無形自無而生有則謂之元關中宮天心其稱名不一也夫虛無之竅内含天然真宰則謂之君火真火真性元神亦是無形静則集氤氳而栖真養息宰生生化化之原動則引精華而向外發散每活子時二候之許其竅旋發旋無故曰元關難言其炁之行後通乎督脉前通乎任脉中通乎衝脉横通乎帶脉上通乎心下通乎陽關上後通乎腎上前通乎臍散則透于周身爲百脉之總根故謂之先天其穴無形無影炁發則成竅機息則渺茫以待成全八脉則八脉湊成共拱一穴爲造化之樞紐名曰炁穴譬如北辰居所衆星旋繞護衛即古人所謂竅中竅也竅即丹田上乃金鼎鼎稍上即黄庭竅下即關元古謂上黄庭下關元是也關元下即陽關亦名命門乃男女洩精之處腎管之根由此而生但黄庭

八四　米晶子註：多看。

金鼎炁穴關元四穴俱是無形若執形求之則謬矣又謂夾脊兩腎中藏元炁則亦謬矣此書圖之所作實發古人所不盡泄之旨而又有以闢其誕妄也八五

運動坤火

又曰運動坤之火沉潛于下

坤者爐也火者元炁也運動坤火之時往下而行以通督脉而進若別行异路是不能上乾鼎則藥即耗散矣

渾然問曰我聞玉蟾翁言神即火炁即藥以火煉藥而成丹今何又言炁是火而前文又言化穀精以呼吸爲火三事俱言火不明孰是華陽云此視學者得師不得師耳真參實悟者一見了然于心若心下不實焉得明乎非是丹經惑爾乃爾認錯丹經誦幾句古言熟語以爲自己聰明誤也凡云是起火引火火逼行火止火皆爲呼吸氣之火也凡云凝火入火降火以火移火離火心火皆屬神之火也凡云運火取火提火坎火坤火水中火爐中火皆先天炁之火也凡呼吸之火能化飲食之穀精而助元精凡神火能

八五　摘自《伍柳僊宗・金僊證論・圖説第十》。

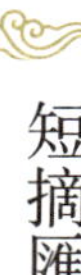

化元精而助元炁凡元炁之火能化呼吸而助元神元神之火又能化形而還虛助道成始成終皆承火之力以登大羅之金僊所謂火者有逐節事條豈可執一哉[八六]

欲色天

世尊曰于欲色天二界中間化七寶坊如三千大千世界説甚深佛法令法久住

欲色者乃西方之梵語中華名曰下中二丹田也故止觀云西梵優陀那此土曰丹田化者神之妙用養道胎之法雖在中田必兼下田合化成一虛境若神之執住中田則道胎有所滯礙而非七寶坊矣三千者即上中下三田也俗僧謂過去一千現在一千未來一千名之曰三千豈不謬乎蓋煉舍利時住于下田用功謂之一千説法矣然必由上中二田之循環養道胎時住于中田有十月之功故曰令法久住亦謂之一千説法矣然必由上下二田之路過而後出定之時住于上田亦謂之一千説法矣故曰三千也[八七]

八六　摘自《伍柳僊宗・金僊證論・風火經第六》。

八七　摘自《伍柳僊宗・慧命經・集説慧命經第九》。

守中之理

守中之理敢請詳訓答曰中也者非中間之謂中乃虛空之謂中守也者非拘守之謂守乃致虛之謂守守中也者不着意二田亦不縱意于二田即所謂元神寂照二田成一虛空是也故能保中之體者八八

論煉己者論其成始成終之在真我

真我者是言己之本來面目即元神本性之别號也凡所爲採藥煉藥基之築成于始者皆由煉己證本來面目之成于始者即所以脩性于始也所爲伏炁胎息爲脱胎出神成還虛于終者皆由煉己證本來面目之成于終即所以脩性于終也始終皆是本性而成僊能復真性者即僊也非真性者即非僊也

鼎器之論見神炁之互相依

此即命依性而了命性依命而了性炁依神則能化炁神依炁則能化神八九

八八　摘自《伍柳僊宗·僊佛合宗·守中第七》。

八九　摘自《伍柳僊宗·天僊正理·自序》。

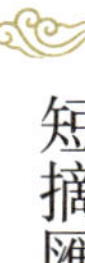

神胎

如子胎十月形全則生神胎十月神全則出理勢之必至也此則再用遷法以神之不長着于中下而離着自中下而遷于上丹田

前之初關中關皆是三田反覆化炁于下亦由上而中而下及化神轉上而居中中原是虛境無所拘着而若不遠于炁根故云合中下皆在虛境之内即世尊寶塔從地涌出在虛空中之説也上丹田者頂門邊之泥丸宫也既成純神則謂之見性神之静體謂之性性之大用及通而無障礙處謂之神古云性在泥丸命在臍也九〇

九〇 摘自《伍柳僊宗·天僊正理·道源淺説篇》。

五龍捧聖

五乃土數真意屬土龍乃元神元神乃真意之體真意乃元神之用體用原不相離[九一]**故云五龍捧聖**[九二]

體元神也用乃真意也寂然不動照也即光也從來體用不分寂照矣如理而來如理而去又曰如是如是如是事理皆言是一陽物發生時是真陽矣釋道真理之一個法無二門如理而來者爲生出來也如理而去者爲回去也從那理來從那理去此理也[九三]

九一　米晶子註：體元神也。用乃真意也。

九二　摘自《伍柳僊宗・僊佛合宗・大藥過關服食天機第六》。

九三　米晶子抄本。

沐浴

問曰直論註中謂卯酉子午之位是沐浴之位故初關活子時有沐浴用何以中至十月亦有沐浴之用并防危慮險之機乞師詳示答曰五行各有長生之位如長生沐浴冠帶臨官帝旺衰病死墓絶胎養也寅申巳亥爲長生之位火長生在寅沐浴在卯死在酉水土長生在申沐浴在酉死在卯金長生在巳沐浴在午死在子木長生在亥沐浴在子死在午故卯酉子午之位是沐浴之位亦是死而不動之位也當知洗心滌慮爲沐浴之首務二炁不動爲沐浴之正功又當知真炁熏蒸亦是沐浴之義也防危慮險防其不洗心滌慮也若不洗心滌慮則難得真炁熏蒸以臻二炁不動之效故沐浴義之用只在綿密寂照之功而已直論註中有欲知沐浴之義之用可以查語録中者全機者此也所謂一年沐浴防危險者亦此也問曰慧而不用始證胎圓胎圓確證尚冀明詳答曰數月以前二炁俱無食脉兩絶已有明徵矣是以無論在十月關内十月關外但有一毫昏沉之意餘

陰尚在有一毫散亂之念神未純陽必須守到昏沉盡絕散亂俱無之詣方爲純陽果滿之胎神而已入于神僊之域矣佛宗云初禪念住二禪息住三禪脉住四禪滅盡定合此宗也[九四]

炁歸元海

如何是炁歸元海答曰元精元炁生于元海每將順去而爲後天交感之精真人依法採取歸于元海烹而煉之漸長漸盛成服食金丹故先聖之炁歸元海壽無窮者是也[九五]

九四　摘自《伍柳僊宗·僊佛合宗·守中第七》。

九五　摘自《伍柳僊宗·僊佛合宗·評古類》。

漏盡圖

漏盡圖

漏盡圖第一

欲成漏盡金剛體 定照莫離歡喜地

勤造烹蒸慧命根 時將眞我隱藏居

命門 慧命

漏盡 之路

蓋道之精微莫如性命性命之脩煉莫如歸一古聖高賢將性命歸一之旨散言以歸正圖方知巧喻外物不肯明示直論九六

九六 摘自《伍柳僊宗·慧命經·漏盡圖第一》。

又曰我自有靈物九七

是遵楞嚴之漏盡表華嚴之奧旨散言以歸正圖方知慧命是不外乎竅矣九八

竅即丹田炁穴也九九

真種由此而懷漏盡由此而成舍利由此而煉大道由此而成且此竅也乃是虛無之窟無形無影炁發則成竅機息則渺茫乃藏真之所脩慧命之壇名之曰海底龍宮曰雪山界地曰西方曰元關曰極樂國曰無極之鄉名雖衆多無非此一竅矣一〇〇

九七　米晶子抄本。

九八　摘自《伍柳僊宗·慧命經·漏盡圖第一》。

九九　摘自《伍柳僊宗·慧命經·正道工夫直論第十一》。

一〇〇　摘自《伍柳僊宗·慧命經·漏盡圖第一》。

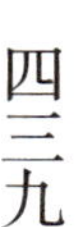

任督二脉圖

任督二脉圖

任督二脉圖第三

現出元關消息路　常教火養長生窟

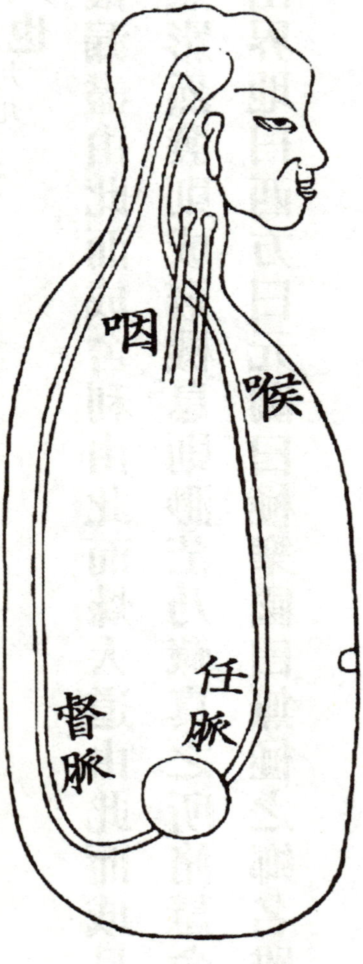

休忘白脉法輪行　撿點明珠不死關

咽

喉

任脉

督脉

蓋人能通此二脉則百脉俱通矣所以鹿之睡時鼻入肛門通其督脉鶴龜通其任脉三物俱有千歲之壽何况人乎[一〇一]

命竅之炁

蓋雪乃白也白爲西方之正色是喻人命竅之炁也故如來教人脩西方極樂也即此矣而良醫又明指之曰兩腎之前空懸一白圈先天性命水火即在其中無形無相空空蕩蕩慧命即在其中矣[一〇二][一〇三]

善知識即真意元神中真意之靈光真體者也[一〇四]

獨有婬機一字舉世罕知不但不知修煉之法而所以然者身心亦不能實使其不婬也

察禪師云祖意如空不是空靈機爭奪有爲功且此法至簡至易非夙有善根者立面難聞

一〇一　摘自《伍柳僊宗・慧命經・任督二脉圖第三》。
一〇二　米晶子註：慧命即太和元炁也。
一〇三　摘自《伍柳僊宗・慧命經・集說慧命經第九》。
一〇四　米晶子抄本。

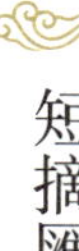

即元關機動物産之事矣以我之意宰之以呼吸收之和合真種轉運法輪採取熏煉總是意同呼吸用慧命矣

觀乃我正念中之靈光耳未得真傳者謂之本性且菩薩住居浄土二物所隔八寸四分遠非觀莫能相會即下文所謂和合凝集决定成就是也而菩薩即是慧命實謂之佛性 一〇五

有此太極知覺言語無此太極眼垂口閉醫謂之真火實無形無影而藏之臍後腎前稍下空懸一穴古謂之浄土家鄉極樂國妙有真空有此真火蒸熏有形無此真火息斷形壞

蓋情者乃脩慧命下手一著之天機若無此情萬不能成佛果

不識動静學道無益矣

形動之機將我静中之真意凝入于命宫時來時凝久則天機發動不覺命宫産出菩提故曰下種矣 一〇六

真空生妙有妙有化謂真空 一〇七

一〇五　米晶子註：再多看。

一〇六　摘自《伍柳僊宗·慧命經·集説慧命經第九》。

一〇七　米晶子抄本。

所謂採取也神即爲火息即爲風機發雖是炁而內實有漏盡之資若不在此煆煉則又牽連身心矣以丹田爲爐以闔辟爲箱以火而煉以風而吹以暖信爲效驗以暢快爲無事久久煆煉則機自死婬性自斷斷性亦無身心太平三種淫事無所集有于佛菩提何難冀也此乃萬聖千祖不傳之秘法余今盡泄矣爲釋之子不脩三種婬事自謂善知識者即楞嚴經五十三種之魔矣又或謂余之錯矣 一〇八

炁滿任督自開此之謂也迅時速採歸源轉大法輪不然此物滿而又溢則前功廢却矣蓋此篇全泄天機余三十餘年方得妙道後之脩士行工到此切記切記毋忽却其中景象但得二三即是真種所産矣固不必規規如此而又在稟受形體有同异之别也 一〇九

丘真人云寸地尺天 一一〇 皆有所轄無空隙處是也

古聖高真借法象爲喻而法象實非真我性命權指身心粗迹之近于己者 一一一

一〇八 米晶子註：多看，註意。

一〇九 摘自《伍柳僊宗·慧命經·集説慧命經第九》。

一一〇 米晶子摘：寸地尺天。

一一一 摘自《伍柳僊宗·天僊正理·道原淺説篇》。

未分阴阳动静也[一一二]

是名道炁亦名先天炁

以恍惚將判言先天炁必如此時此景象之炁方是虛之極靜之篤者爲至清可煉金丹之藥物不如是炁非先天[一一三]

真炁

夫用此炁者由何以知先天之真也當靜虛至極時

即致虛極守靜篤之説

後天而奉天者也脩士于此須不令先天元精變爲後天又必令先天之精仍返還爲始炁

一一二　米晶子抄本。

一一三　摘自《伍柳僊宗・天僊正理・道原淺説篇》。

即虛之極靜之篤也 一一四 一一五

吾身中一點真陽之精炁號曰先天祖炁者是也在內爲生氣之根而又曰外藥者何也蓋古云金丹內藥自外來以祖炁從生身時雖隱藏于丹田却有向外發生之時而又曰外藥者何也蓋古云今丹內藥自外来以祖炁

如生視生聽生言生動生婬慾皆此一炁化生 一一六

脩僊與煉金丹之理同聖聖真真無不借金丹以喻明夫僊道僊道以神炁二者而歸復于丹田之中以成真金丹以鉛汞二者而烹煉于爐鼎之内以成寶故神炁有鉛汞之喻 一一七 **丹田有鼎器之喻也**

一一四 摘自《伍柳僊宗・天僊正理・先天後天二炁直論第一》。

一一五 米晶子註：重看。虛之極，静之篤。

一一六 摘自《伍柳僊宗・天僊正理・藥物直論第二》。

一一七 摘自《伍柳僊宗・天僊正理・鼎器直論第三》。

爐鼎

乾爲上田亦天在上坤爲下田亦地在下故中和集所説亦有天地爲爐鼎者 一一八

元神

己者即我静中之真性動中之真意爲元神之别名也 一一九

己與性意元神名雖四者實只心中之一靈性也

每出萬般變幻而爲日用之神 一二〇

和合凝集

風者是助火之烈焰火者是化物之能功故如來云微風吹動又云火化以後收取舍利風火漏盡并用

一一八　摘自《伍柳僊宗・天僊正理・鼎器直論第三》。

一一九　米晶子註：多看。己者，即我静中之真性，動中之真意，爲元神之别名。

一二〇　摘自《伍柳僊宗・天僊正理・煉己直論第五》。

自然和合凝集而成大道矣[一二二]

次第者如下手時有和合真種之功如轉手時有脩煉舍利之功如了手時有温養道胎之功如撒手時有出胎面壁之功等法是也

有憑有據乃先天意炁之妙用非世間之有爲也

是中却有一法和合凝集决定成就

殊不知此有爲乃定静之中妙道之有爲也譬如天地是個無爲而天地所以生萬物者是個有爲矣則最上一乘之佛法者亦然而人之心能到無爲之時則内裏有一物超然而出若不以意取之此物豈不散于外境即非我所有矣

元關内之物也故六祖云吾有一物無頭無尾無名無字無背無面又傳大師云有物先天地無名本寂寥能爲萬物主不逐四時凋乃先天之物也宰育後天散則無形影聚則成舍利[一二三]

一二二　米晶子註：風者目光，火者真意，心空漏盡，三者成僊之母，乃先天一點真陽。

一二三　摘自《伍柳僊宗·慧命經·集説慧命經》。

秘密

秘密者先天後天之說也 一二三

又曰秘密即是性命秘者性也密者命矣成佛作祖之道即在動靜順逆之間矣秘者暫借後天以延歲月留得舟在終能度海得之者極樂國在我枕中秘矣秘秘難測也以即陰陽氣血于天地相通之妙方能了當作丹之法無他秘者只是藥物火候鼎器三者而已也真元之義則眉目綱領自清矣 一二四

藥產

夫採取明乎二炁夫此採取者即是調外藥之採取外藥也二炁者先後二炁也先天之炁以得後天之氣招攝方能歸爐故守虛真人云先天炁不能自皈爐以後天之炁採之**陰蹻知乎道路**陰蹻者乃攝精之路也正在穀道前膀胱後上通乎丹田是採得藥之路故張紫陽八脉經云陰蹻一脉諸聖秘之高人藏之乃僊佛採藥之所又馬天君解大洞經云一陽初動之時運一點真汞於臍下以迎之即

一二三 摘自《伍柳僊宗·天僊正理·先天後天二炁直論第一》。

一二四 米晶子抄本。

此泄盡矣學者不可不察焉**是為陽關漏盡之法也**夫陽關者即上文道路之口是也**若夫皈爐之後不知迴風混合**蓋回風者迴旋其呼吸之氣以逆吹之**煅煉之法者**即上文迴風之法也能自迴風則爐内之神炁亦能自混合爲一者矣故我冲虛祖師云神雖宰炁未知其炁可宰否以迴風混合之又心印經云回風混合百日功靈即此謂也**其元精與陰精**元精者即元炁也動爲元精陰精者飲食之精也此精最作怪必假神炁二火合爲一火在爐内鼓動巽風煉化此精故數雲先生云用丹田自然之呼吸煉之苟不得此訣則精不化**依舊藏而不化**在丹田内**陽之暫伏頓又生名雖調藥實不知爐中調法**法即前文爐内鼓巽風也[一二五]

意炁

觀照此菩薩菩薩所得受此靈光之慧力久則自然如夢覺融融然似薰蒸活活然如盆珠豁然靈惺放大光明力足時至忽然一涌潮上與我識性合而爲一到此識性死而佛性靈顯靈靈當當依舊是箇主人光周沙界六通俱全任他塵塵垢垢我獨安然一性圓融太空所謂一切含靈俱有佛性雖然如是順

一二五　摘自《伍柳僊宗·金僊證論·危險説第十九》。

去生人生物逆來成佛成祖凡聖之變化總是這箇[一二六]

乾坤

闔闢此乃轉法輪之秘機也千聖不肯明言萬祖不肯指破妙中更妙微中又微非凡夫俗子可聞非夙有善根者不能見之又曰弟子懇求和尚垂恩答曰闔吸闢是下坤而坤腹之元炁過我升之升之者升于乾闢呼闢是上乾而乾首之元炁過我降之降之者降于坤總是先後二箇升降面背中三條道路共乾坤之轂軸通元關之消息而主宰在乎意運行總在乎神一吸一升一呼一降不可差之毫髮循規行途數之限步不可不及而太過乾九坤六四揲成章合乎造化同乎輪轉不偏不倚正正相當任爾三教是是非非成乎其道者不離此方[一二七][一二八]

一二六　摘自《伍柳僊宗・慧命經・集説慧命經第九》。

一二七　摘自《伍柳僊宗・慧命經・集説慧命經第九》。

一二八　米晶子註：看此段以説明千萬不數呼吸，此是真息運行，是自然而然。

法輪

大道夫三百六十數者實非三百六十數乃譬喻耳且輪之爪二十四根而以前後轉一回即成四十八謂之一回法輪而輪之外幡盤即成三百六十數實無差也故曰三百六十數矣[一二九]

元神

元神者元神在瞳仁之內元神真性靜謂性動謂元神目爲外形眼爲內形瞳仁爲真形形神俱妙與道合真道大包天地小則黍米可藏一顆靈珠包萬象眼藏五藏之炁內有十四精華光流流赤灑灑一顆靈明寶珠人不識光爲萬物之主人翁光在天地陰之氣歸於天光在地天陽之氣歸於地**善似光中影應如谷裏聲**[一三〇]人在光天化日之下死心不動安有不成僊之理矣元神藏性內性藏識神內敲竹喚龜是活子時呼琴招鳳是活午時無作無爲者身心也有作有爲者神炁也身心無爲神炁自然

一二九　摘自《伍柳僊宗・慧命經・集説慧命經第九》。

一三〇　《道藏輯要・斗集二・太上玄靈北斗本命延生真經註解・玄元真人註》。

有所作爲道心即是真意真陽神即妙有矣[一三一][一三二]

丹田

丹田有三炁在中丹神在上丹精在下丹自下田遷至中田中田遷至上田上田遷出天門是爲三遷功成[一三三]

火候

此直言説出火候只是呼吸二字**豈不見陳虛白曰火候口訣之要當于真息中求之靈源大道歌云千經萬論講玄微命蒂由來在真息**此又直説出火候只是真息真息者乃真人之呼吸而非口鼻之呼吸**陳致虛曰火候最秘其妙非可一概而論中有逐節事條**即我張李曹三真人相傳以來所云採藥之候封固之候起小周天之候進退顛倒之候沐浴之候火足止

一三一　米晶子抄本。

一三二　米晶子註：多看，大道自明。

一三三　《伍柳僊宗・天僊正理・道源淺説篇》。

火之候採大藥之候得大藥服食之候大周天之候神全之候出神之候等皆是 一三四

元機

元機者是性命之源中黄神室中黄臍内又名黄庭彼以靈丹爲天地之所秘 一三五

易之源頭乃道之祖也道用先天借後天之爪板一點金光真火收藏于内日久月深則凡軀亦化而爲炁神既妙形亦妙矣 一三六 于道合真矣 一三七

真陽神

真陽神即真空性體也不能見性則不得真空不成陽神不到見性真空實地必不能出陽神也 一三八

一三四 《伍柳僊宗·天僊正理·火候經第四》。

一三五 米晶子抄本。

一三六 《伍柳僊宗·慧命經·集説慧命經第九》。

一三七 米晶子抄本。

一三八 《伍柳僊宗·僊佛合宗·門人問答》。

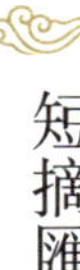

元中有元

老君曰元中有元是我命命中有命是我形形中有形是我精精中有精是我氣氣中有氣是我神神中有神是我自然之道也

老君曰長生之體久視之門洗心易行乃成正真然除想化物要淨六根邪魔遠離衆病無因通幽顯聖無不成真須明恍惚輔弼帝君太上曰自己三清何勞上望自己老君何勞外覓知之脩煉謂之聖人矣[139]

護念久住

世尊曰護念法令久住

此即言歸於泥丸乳養之功也上文言乳汁即護念之法矣久住者真念當定住於泥丸故曰大定者也

華嚴經曰雖證寂滅勤脩習能超如空不動地佛勸令從寂滅起廣脩種種諸智業

上文言久住得生滅滅己而寂滅之雖然寂滅必加脩而久遠寂滅如虛空等全然不動之地佛囑人曰

一三九　摘自《道藏輯要・尾集一・太上老君内丹經》。

必要從此初得寂滅勤加脩習智慧進進不已空而又空虛而又虛故曰虛空界盡我此脩行終無有盡

華嚴經又曰恒住涅槃如虛空一四〇

性如虛空不著虛空相故曰虛空若著虛空相即有個虛空在而爲虛空所礙則不爲虛空矣而虛空者乃自然而然非有然而然者故曰如虛空者是也

又曰心常正定滅除覺觀而以一切智覺觀從此不動入無色定

此即復言還虛空之性也能到虛空境界真心常定一切智觀滅除渾然無極或一定三載或一定九年一點金光真火收藏於內日久月深則凡軀亦化而炁神既妙而形亦妙矣一四一

心性命

六祖所謂心是地性是王王居心地上王在身心在王去身心壞非肉團之心乃

一四〇　米晶子註：涅槃真性也。

一四一　摘自《伍柳僊宗·慧命經·集説慧命經》。

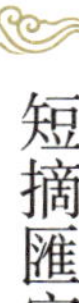

道心也一四二 一四三。

誰知火宅內，元是法中王。又曰萬法眼藏，眼藏萬法，萬法歸宗之地也。

三丰祖師曰：然欲成道者，必先脩性立命，脩性者，必須直達先天靈光之原，立命者，必須直造先天祖炁之府，性命合一也。

又曰：按性在天邊，命在海底，天邊是指兩眉之中心是也，海底是指下丹田也一四四，

元神　心神

元神藏心。心神藏目。圭旨云。天之神聚於日。人之神聚於目。心爲諸神之主帥。眼即衆神之先鋒。又曰。人在受胎之初。先結無極。人生之初。秉父母之元氣。而結一顆明珠。名曰無極。得父母之精血，名曰太

一四二　摘自《伍柳僊宗·慧命經·集說慧命經第九》。

一四三　米晶子按：乃天心之心也。

一四四　米晶子抄本。

極[145]。

生身之道

人能體生身之道順而用之則鼻祖耳孫嗣續而成[146]

鼻爲中岳土也，耳爲腎水也。土生金，金生水，莫不是鼻祖耳孫也[147]。

又曰一點冲和二五精性即理命即情氤氲妙用一時成[148]**煉己只是養元神，黃庭土釜先天汞**[149]。**二七誰家女眉端彩色光人皆貪愛欲我看是親娘**[150]。**真心浩浩無窮極無限神僊從裏出世人躭着小形骸一顆玄珠人不識**[151]。

戊土陽，己土陰，乾坤離坎仔細分，煉丹若不憑戊己，萬劫千生難成真。人在母腹戊己不

一四五　摘自《清净經圖註》（水精子註解）。

一四六　摘自《道藏輯要・畢集八・三丰全集・大道論》，原文兩個版本，道藏輯要版本爲：『人由天地而育亦由父母而生順而用之則鼻祖兒孫……』。

一四七　米晶子抄本。

一四八　摘自《道藏輯要・畢集八・三丰全集・玄要篇・一掃光道情十二首》。

一四九　摘自《道藏輯要・畢集八・三丰全集・玄要篇・金丹歌》。

一五〇　摘自《道藏輯要・畢集八・三丰全集・玄要篇・金丹詩三十六首・咏先天鼎》。

一五一　摘自《道藏輯要・畢集八・三丰全集・玄要篇・七絕五首》。

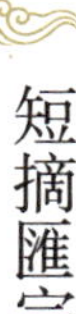

分，從落胎以後，戊帶性歸于心，己帶命歸于腎。乾坤脱位坎離用事，己在離中，戊在坎，陰陽變化顛倒顛。若人識破戊己理，凡夫誰道不成僊。又曰：上士聞道恭而敬之，下士聞道大笑之，《黄庭經》之此章矣。寸田者，黄庭是也，尺宅玄牝二物也一五二。

青龍之田白虎之宅乾爲寸而坤爲尺也惟此可以理其長生餘皆不入大道之深微矣惟此田宅得入吾家耕之補之不耕而莽蹷裂不令風吹雨透則孳子長留而心安寧焉長留者形妙也心安寧者神妙也形神俱妙全在寸田一五三**尺宅之中得之歟**一五四

一五二　米晶子抄本。

一五三　米晶子註：能捨千金，不捨寸土。

一五四　摘自《重刻黄庭陰符經註》（石和陽註）。

心悟偈七首[一五五]

壹

混沌之先一點無　有了一點生萬物

日藏月内丹作母　目隱身中體爲始

貳　九死一生王母度

大道如同一窩蜂　抓住王子莫放鬆

蜂王入到蜂箱内　周天蜜蜂自歸宗

一五五　米晶子著。

叁

此體非凡體　先天炁化成

若人能識破　指日登太空

肆　蝴蝶鬧雪

白雪飄飄普天降　黄蝶對對向空飛

風搖松枝招手喚　山谷冰棒迎聲歸

伍

龍吸九江水　虎蹬萬重山

陰陽交換處　火内開白蓮

陸

朝朝目視白雲飛　欲到天涯誰作梯
若人識破風雲理　五靈光中好鎖龜

柒

心似蓮花身似藕　藕出污泥而不朽
蓮花雖打泥水過　皎潔純粹不沾漚

亳州老君碑

原文

解字[一五六]

玉爐燒煉延年藥，
正道行修益壽丹。
呼去吸來息由吾，
性空心滅本無著。
寂照可歡忘幻我，
為見生前體自然。
鉛汞交接神丹就，
乾坤明原系群僊。

一五六　參考米晶子抄本，《老君古字碑碑文之謎》《亳州老君碑古字譜考釋》。

太虛循環圖

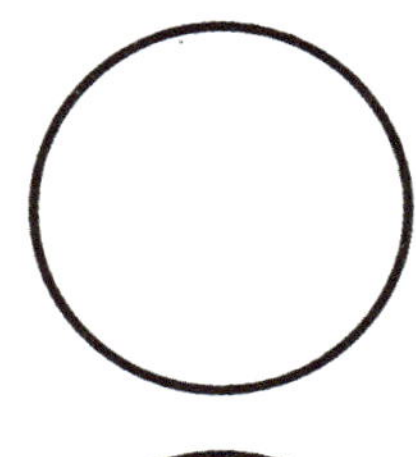

無極圖

無極一點圖

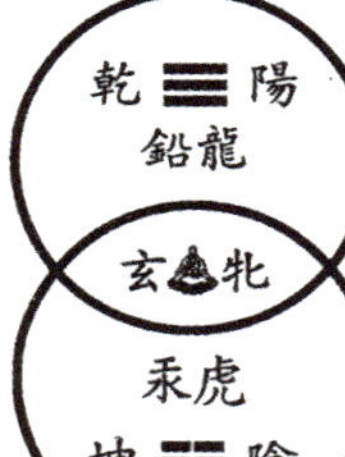

先天祖炁圖

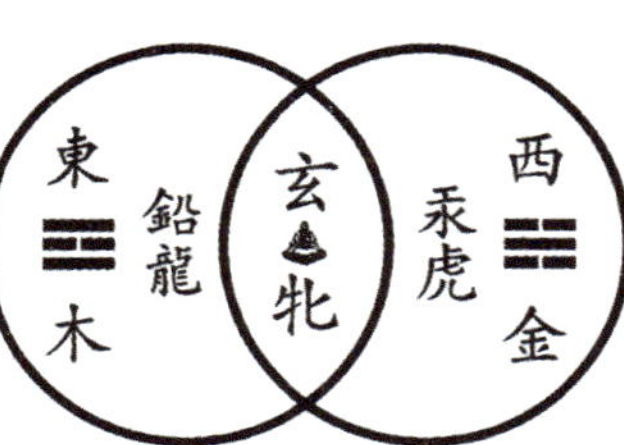

守中圖

四正圖

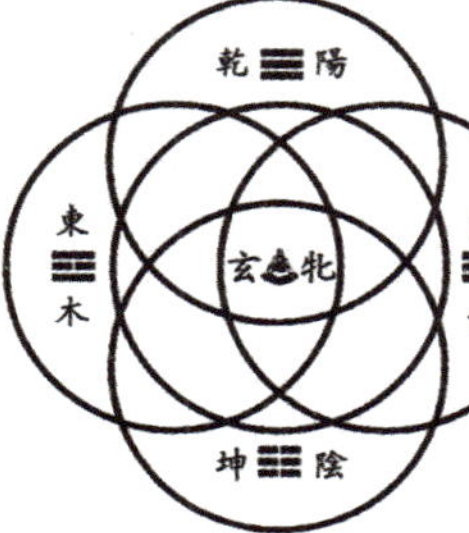

五元會合圖

十天圖

無極星光圖

字表（來源：新華字典）

鑛　同矿
綦　同基
闢　同辟
歛　同斂
懽　同欢
洩　同泄
犇　同奔
颺　同扬
輓　同挽
嵒、巖　同岩
閒　同闲

珪　同圭
輭　同软
闇　同暗
鼇　同鳌
玅　同妙
蹔　同暂
踈　同疏
貇　同貌
歙　同翕
婬　同淫
慾　同欲
埰　同采
拏　同拿

纔　同才
覼　意同啰
葢　同蓋
脩　同修
籥　同龠
脗　同吻
筭　同算
歴　同歷、历
賾　同賾
牕　同窗
躭　同耽
弢　同韬
倐　同倏

騐　同验
恠　同怪
愽　同博
麤　同粗
曒　同皎
仝　同同
旹　同时
豎　同竖
挈　同锲
慴　同慑
獃　同呆
佈　同布
覩　同睹

韻 同韵
併、并、幷 同并
飡 同餐
鑪 同炉
嶽 同岳
祕 同秘
惽 同悯
崑崙 同昆仑
彙 同汇
盪 同荡
翫 同玩
沖 同冲
禦 同御
叅 同参
嚥 同咽
汎 同泛
遊 同游
鉤 同钩
蜋 同螂
競 同竞
竈、竃 同灶
迴 同回
啟 同啓
決 同决
徧 同遍
峯 同峰

鈆　同鉛
餤、另有訛字熖　同焰
燻、醺　同熏
啣　同銜
蘂　同蕊
羣　同群
凈　同净
嚮　同向
謚　同谥
迺　同乃
顖　同囟
呌　同叫
逩　同奔
觔　同筋
刦　同劫
悮　同误
漊　同婆
絪縕　同氤氲
拗　同拗
陞　同升
昇　同升
鬭　同斗
菴　同庵
毘　同毗
葢、蓋　同盖
欝　同郁

沈 同沉

濶 同阔

寍 同宁

氷 同冰

槩 同概

畧 同略

鑑、鑒、鍳 同鉴

拄 通柱

幙 同幕

喫 通吃

揑 同捏

莾 通鲁莽

薰 同熏

託 同托

姙 同妊

攢 同攒

鐫 同镌

衹 同只

彷彿 同仿佛

濕、溼 同湿

校編説明

文中各章節標點符號，以及遣詞用語，以各自校對的底本爲準。

文中標有『米晶子抄本』的段落，爲張至順道長抄本上著有，而在校編組參考的《道藏輯要》《中華道藏》《正統道藏》《藏外道書》等經本中未檢索到的段落。原本可能較目前道藏收録的版本更爲完整，因年代久遠，本次校對未能找到原本，故標註爲『米晶子抄本』以示讀者。

《炁體源流》校編組

校編相關書目

《道藏輯要》，重刊版。

《中華道藏》，華夏出版社出版。

《藏外道書》，巴蜀書社出版。

《道藏》，文物出版社、上海書店、天津古籍出版社出版。
《伍柳僊宗》，河南人民出版社 1987 年版《道藏》影印本。
《南宗聖典》，玉蟾宫管理委員會出版。
《太上清静經》單本，癸丑菊月，蓬瀛僊館重刊版。
《太上老君説常清静經》單本，民國六年歲次丁巳三月愛蓮堂重刊版。
《長春祖師語録》單本，明善書局發行，壬申仲春月版。
《正統道藏》，電子掃描版。
《吕洞賓全集》單本，華夏出版社 2009 年版。